融媒体

没有网络安全就没有国家安全

国家网络安全知识百问

本书编写组

人民出版社

前　言

党的十八大以来，以习近平同志为核心的党中央高度重视网络安全工作，作出一系列重要部署。习近平总书记多次作出重要指示，强调要深入开展网络安全知识技能宣传普及，提高广大人民群众网络安全意识和防护技能。

在 2020 年国家网络安全宣传周到来之际，为推动网络安全宣传工作走向深入，普及网络安全知识，引导广大干部群众树立正确的网络安全观，增强维护网络安全的责任感、使命感，我们编写了《国家网络安全知识百问》科普读本。全书包括树立正确网络安全观、网络安全法律与战略、网络安全应急体系、网络安全常见概念、网络安全威胁防范与应急处置、日常网络安全 6 个部分，共计 115 个知识点。本书贯彻落实习近平总书记关于网络强国的重要思想，体现《网络安全法》的主要内容，兼顾理论知识与实践运用，紧贴国家网络安全工作实际，反映国家网络安全形势新变化，力求简明、务实、管用，对于普及网络安全教育和提高网络安全意识具有较强的针对性和实用性，是广大干部群众读得懂、学得会、用得上的科普读本。

本书编写组
2020 年 9 月

目 录

第一部分　树立正确网络安全观

1

第二部分　网络安全法律与战略

第三部分　网络安全应急体系

第四部分 网络安全常见概念

第五部分　网络安全威胁防范与应急处置

第六部分　日常网络安全

第一部分

树立正确网络安全观

　　没有网络安全就没有国家安全，就没有经济社会稳定运行，广大人民群众利益也难以得到保障。要树立正确的网络安全观，加强信息基础设施网络安全防护，加强网络安全信息统筹机制、手段、平台建设，加强网络安全事件应急指挥能力建设，积极发展网络安全产业，做到关口前移，防患于未然。

1

网络安全是什么？

网络安全，是指通过采取必要措施，防范对网络的攻击、侵入、干扰、破坏和非法使用以及意外事故，使网络处于稳定可靠运行的状态，以及保障网络数据的完整性、保密性、可用性的能力。

延伸阅读

努力把我国建设成为网络强国

2014 年 2 月 27 日，习近平总书记在中央网络安全和信息化领导小组第一次会议上强调，网络安全和信息化是事关国家安全和国家发展、事关广大人民群众工作生活的重大战略问题，要从国际国内大势出发，总体布局，统筹各方，创新发展，努力把我国建设成为网络强国。

2020 年 4 月《第 45 次中国互联网络发展状况统计报告》显示，我国网民规模突破 9 亿

新华社发　勾建山 作

2

网络安全为何重要？

当今时代，网络安全和信息化对一个国家很多领域都是牵一

发而动全身的，网络安全已是国家安全的重要组成部分。没有网络安全就没有国家安全，就没有经济社会稳定运行，广大人民群众利益也难以得到保障。从世界范围看，网络安全威胁和风险日益突出，并向政治、经济、文化、社会、生态、国防等领域传导渗透。网络安全已经成为我国面临的最复杂、最现实、最严峻的非传统安全问题之一。

延伸阅读

落实总体国家安全观

　　总体国家安全观是一个内容丰富、开放包容、不断发展的安全观念体系。要维护政治安全、国土安全、军事安全、经济安全、文化安全、社会安全、科技安全、网络安全、生态安全、资源安全、核安全、海外利益安全、生物安全等重点领域国家安全。总体国家安全观核心要义可以概括为五大要素与五对关系。五大要素是指以人民安全为宗旨，以政治安全为根本，以经济安全为基础，以军事、文化、社会安全为保障，以促进国际安全为依托。五对关系是指既重视发展问题，又重视安全问题；既重视外部安全，又重视内部安全；既重视国土安全，又重视国民安全；既重视传统安全，又重视非传统安全；既重视自身安全，又重视共同安全。

应当认识到，任何国家都无法成为网络空间"安全孤岛"，作为非传统安全之一，网络安全与政治安全、经济安全、文化安全、社会安全、军事安全等领域相互交融、相互联系、相互影响，网络安全问题已成为全球性安全问题。

让互联网更好造福国家和人民

（视频来源：央视网 2016 年 4 月 20 日）

3

当前我国网络安全总体形势如何？

随着网络信息技术与应用的不断演进，互联网已成为整个经济社会发展升级的重要驱动，同时带来的风险挑战也不断增大，网络空间威胁日益增多。通过依法开展网络空间治理，我国网络空间日渐清朗，网络安全顶层设计不断完善，网络安全综合治理能力水平不断提升。当前，我国各类网络违法犯罪时有发生，数据安全和侵犯个人隐私问题、关键信息基础设施安全防护问题日益凸显，高强度网络攻击愈加明显。国家互联网应急中心《2019年我国互联网网络安全态势综述》显示，2019年我国网络安全比较突出的问题主要表现在：分布式拒绝服务攻击高发频发且攻击组织性与目的性更加凸显；高级持续性威胁攻击逐步向各重要行业领域渗透；信息系统面临的漏洞威胁形势更加严峻；数据安全防护意识依然薄弱；"灰色"应用程序针对重要行业安全威胁更加明显；网络黑产活动专业化、自动化程度不断提升；新技术的应用给工业控制系统带来安全新隐患。

延伸阅读

居安思危，网络空间并不太平

当今时代，互联网发展日新月异，极大拓展了人类生产生活空间，网络空间已成为人类共同的新家园。同时，互联网领域发展不平衡、规则不健全、秩序不合理等问题日益凸显。网络空间霸权主义、强权政治依然存在，保护主义、单边主义不断抬头，不同国家和地区之间数字鸿沟不断拉大，世界范围内侵犯个人隐私、侵犯知识产权、推行种族主义、散布虚假信息、实施网络诈骗、网络恐怖主义活动等违法犯罪行为已成为全球公害，给我国网络空间安全带来新的风险与威胁。

关注网络安全

自主创新推进网络强国建设

（视频来源：中国政府网 2018 年 4 月 21 日）

4

如何认识安全与发展的关系？

安全与发展有机统一。发展利益与安全利益是国家核心利益的重要内容。一方面，发展是安全的保障，不可能离开发展谈安全；另一方面，安全是发展的前提，不能为了发展罔顾安全，安全和发展要同步推进。古往今来，很多技术都是"双刃剑"，既可以造福社会、造福人民，也可以被一些人用来损害社会公共利益和民众利益，因而要正确处理安全和发展的关系。网络安全和信息化是相辅相成的，是一体之两翼，驱动之双轮，必须统一谋划、统一部署、统一推进、统一实施。

延伸阅读

筑牢新型基础设施网络安全防线

"加强新型基础设施建设，发展新一代信息网络，拓展5G

应用，建设数据中心，增加充电桩、换电站等设施，推广新能源汽车，激发新消费需求、助力产业升级"。2020年的政府工作报告首次提及备受关注的新型基础设施建设。

什么是新型基础设施？新型基础设施是以新发展理念为引领，以技术创新为驱动，以信息网络为基础，面向高质量发展需要，提供数字转型、智能升级、融合创新等服务的基础设施体系。目前来看，新型基础设施主要包括三个方面内容：一是信息基础设施。主要是指基于新一代信息技术演化生成的基础设施，比如，以5G、物联网、工业互联网、卫星互联网为代表的通信网络基础设施，以人工智能、云计算、区块链等为代表的新技术基础设施，以数据中心、智能计算中心为代表的算力基础设施等。二是融合基础设施。主要是指深度应用互联网、大数据、人工智能等技术，支撑传统基础设施转型升级，进而形成的融合基础设施，比如，智能交通基础设施、智慧能源基础设施等。三是创新基础设施。主要是指支撑科学研究、技术开发、产品研制的具有公益属性的基础设施，比如，重大科技基础设施、科教基础设施、产业技术创新基础设施等。

作为新领域，新型基础设施将加速网络空间与物理空间的连通和融合，加快智慧城市、智慧交通、智慧医疗的发展，但与此同时可能会带来网络安全新问题，网络安全从数字空间延伸至现实世界，并与国家安全、社会安全、人身安全息息相关。新型基础设施发展和安全同样要同步推进，要围绕安全布局新型基础设施建设，科学研判新挑战，制定网络安全战略，加强网络安全能力与制度建设，推进关键技术研发，发展网络安全产业，加强数据共享和安全保护等。网络安全是新型基础设施建设中的重中之重。

"新基建"　　　　　　　　　　　　　　　新华社发　朱慧卿 作

5

如何树立正确的网络安全观？

正确树立网络安全观，认识当今的网络安全有几个主要特点：一是网络安全是整体的而不是割裂的。在信息时代，网络安全对国家安全牵一发而动全身，同许多其他方面的安全都有着密切关系。二是网络安全是动态的而不是静态的。网络变得高度关联、相互依赖，网络安全的威胁来源和攻击手段不断变化，需要树立动态、综合的防护理念。三是网络安全是开放的而不是封闭的。只有立足开放环境，加强对外交流、合作、互动、博弈，吸收先进技术，网络安全水平才会不断提高。四是网络安全是相对的而不是绝对的。没有绝对安全，要立足基本国情保安全，避免不计成本追求绝对安全。五是网络安

网络安全的特点

全是共同的而不是孤立的。网络安全为人民，网络安全靠人民，维护网络安全是全社会共同责任，需要政府、企业、社会组织、广大网民共同参与，共筑网络安全防线。

树立网络安全观 共筑网络安全防线
（视频来源：央视网 2016 年 4 月 20 日）

6

如何认识网络安全与核心技术的关系？

网络安全的本质在对抗，对抗的本质在于攻防两端能力的较量。要以技术对技术，以技术管技术，做到魔高一尺，道高一丈。实践已经反复告诉我们，关键核心技术要不来、买不来、讨不来，要把关键核心技术掌握在自己手中。核心技术是国之重器，要下定决心、保持恒心、找准重心，加速推动信息领域核心技术突破。

掌握互联网发展主动权
牢牢牵住核心技术自主创新"牛鼻子"

2016 年 4 月 19 日，习近平总书记在网络安全和信息化工作座谈会上指出，一个互联网企业即便规模再大、市值再高，如果核心元器件严重依赖外国，供应链的"命门"掌握在别人手里，那就好比在别人的墙基上砌房子，再大再漂亮也可能经不起风雨，甚至会不堪一击。我们要掌握我国互联网发展主动权，保障互联网安全、国家安全，就必须突破核心技术这个难题，争取在某些领域、某些方面实现"弯道超车"。

2016 年 10 月 9 日，习近平总书记在主持十八届中共中央政治局第三十六次集体学习时强调，网络信息技术是全球研发投入最集中、创新最活跃、应用最广泛、辐射带动作用最大的技术创新领域，是全球技术创新的竞争高地。我们要顺应这一趋势，大力发展核心技术，加强关键信息基础设施安全保障，完善网络治理体系。要紧紧牵住核心技术自主创新这个"牛鼻子"，抓紧突破网络发展的前沿技术和具有国际竞争力的关键核心技术，加快推进国产自主可控替代计划，构建安全可控的信息技术体系。

7

维护网络安全需要开展哪些工作?

《国家安全法》规定:"国家建设网络与信息安全保障体系,提升网络与信息安全保护能力,加强网络和信息技术的创新研究和开发应用,实现网络和信息核心技术、关键基础设施和重要领域信息系统及数据的安全可控;加强网络管理,防范、制止和依法惩治网络攻击、网络入侵、网络窃密、散布违法有害信息等网络违法犯罪行为,维护国家网络空间主权、安全和发展利益。"维护网络安全,要加强网络综合治理,形成从技术到内容,从日常安全到打击犯罪的网络治理合力。坚持自力更生、自主创新,加速推动信息领域核心技术突破。加强关键信息基础设施网络安全防护,不断增强网络安全防御能力和威慑能力。加强网络安全预警监测,切实保障国家数据安全,切实维护国家网络空间主权安全。

延伸阅读

坚持安全可控和开放创新并重提升广大人民群众在网络空间的获得感幸福感安全感

在 2019 年国家网络安全宣传周召开之际，习近平总书记对国家网络安全宣传周作出重要指示强调，举办网络安全宣传周、提升全民网络安全意识和技能，是国家网络安全工作的重要内容。国家网络安全工作要坚持网络安全为人民、网络安全靠人民，保障个人信息安全，维护公民在网络空间的合法权益。要坚持网络安全教育、技术、产业融合发展，形成人才培养、技术创新、产业发展的良性生态。要坚持促进发展和依法管理相统一，既大力培育人工智能、物联网、下一代通信网络等新技术新应用，又积极利用法律法规和标准规范引导新技术应用。要坚持安全可控和开放创新并重，立足于开放环境维护网络安全，加强国际交流合作，提升广大人民群众在网络空间的获得感、幸福感、安全感。

网络安全：为人民，靠人民

（视频来源：央视网 2019 年 9 月 16 日）

8

为什么要维护关键信息基础设施网络安全？

《国家网络空间安全战略》明确指出，国家关键信息基础设施是指关系国家安全、国计民生，一旦数据泄露、遭到破坏或者丧失功能可能严重危害国家安全、公共利益的信息设施，包括但不限于提供公共通信、广播电视传输等服务的基础信息网络，能源、金融、交通、教育、科研、水利、工业制造、医疗卫生、社会保障、公用事业等领域和国家机关的重要信息系统，重要互联网应用系统等。关键信息基础设施已成为经济社会运行的"神经中枢"，是网络安全的重中之重，也是可能遭到重点攻击的目标。关键信息基础设施发生网络安全问题，可能导致出现交通中断、金融紊乱、电力瘫痪等问题，具有很大的破坏性和杀伤力。因此，我们必须加快构建关键信息基础设施安全保障体系，切实做好关键信息基础设施安全防护。

延伸阅读

委内瑞拉全国大规模停电事件

据媒体报道，由于发电系统遭受网络攻击，当地时间2019年3月7日下午5时许，包括首都加拉加斯在内的委内瑞拉全国超过一半地区发生大规模停电。委内瑞拉部分地区供水与通信网络受到影响，首都加拉加斯地铁突然停运，人潮涌向街道，市内出现大面积交通堵塞。委内瑞拉宣布全国3月8日停课停工，社会正常秩序受到严重影响。

委内瑞拉全国大面积停电
（视频来源：央视网2019年3月9日）

9

为什么要维护网络空间主权？

　　主权平等原则是《联合国宪章》确立的当代国际关系基本准则，覆盖国与国交往各个领域，主权平等的原则与精神也应适用于网络空间。各国自主选择网络发展道路、网络管理模式、互联网公共政策和平等参与国际网络空间治理的权利应当得到尊重。网络空间主权是国家主权的重要组成部分，是国家主权在网络空间的体现和延伸，网络主权原则是维护国家安全和利益、参与网络国际治理与合作所坚持的重要原则。我国《国家安全法》首次以法律形式明确提出"维护国家网络空间主权"，《网络安全法》再次确认这一原则，并从法律制度层面进行了细化。要根据宪法和法律法规管理我国主权范围内的网络活动，切实维护国家网络空间主权、安全和发展利益。

维护国家网络空间主权

（视频来源：央视网 2015 年 7 月 2 日）

10

我国在全球互联网发展与治理方面提出哪些原则主张？

　　2015 年 12 月，第二届世界互联网大会在浙江乌镇举行。习近平总书记在开幕式上发表主旨演讲，深入阐述了推进全球互联网治理体系变革中所应坚持的"四项原则"：尊重网络主权、维护和平安全、促进开放合作、构建良好秩序，明确提出了坚持共同构建网络空间命运共同体的"五点主张"：加快全球网络基础设施建设，促进互联互通；打造网上文化交流共享平台，促进交流互鉴；推动网络经济创新发展，促进共同繁荣；保障网络安全，促进有序发展；构建互联网治理体系，促进公平正义。

延伸阅读

携手构建网络空间命运共同体

　　2019 年 10 月 16 日，世界互联网大会组委会发布《携手构建网络空间命运共同体》概念文件。文件提出，中国既是全球互联网发展的重要受益者，也始终是国际网络空间和平的建设者、发展的贡献者、秩序的维护者。构建网络空间命运共同体，把网络空间建设成造福全人类的发展共同体、安全共同体、责任共同体、利益共同体。倡议世界各国政府和人民顺应信息时代潮流，把握数字化、网络化、智能化发展契机，积极应对网络空间风险挑战，实现发展共同推进、安全共同维护、治理共同参与、成果共同分享。构建网络空间命运共同体以"四项原则"为基本原则，以"五点主张"为实践路径，加强政府、国际组织、互联网企业、技术社群、社会组织、公民个人等各主体的沟通与合作，形成立体协同的治理架构。

世界互联网大会组委会发布《携手构建网络空间命运共同体》概念文件

（资料来源：中国网信网 2019 年 10 月 16 日）

习近平提出推进全球互联网治理体系变革四项原则

（视频来源：央视网 2015 年 12 月 16 日）

第二部分

网络安全法律与战略

没有网络安全就没有国家安全，没有信息化就没有现代化。建设网络强国，要有自己的技术，有过硬的技术；要有丰富全面的信息服务，繁荣发展的网络文化；要有良好的信息基础设施，形成实力雄厚的信息经济；要有高素质的网络安全和信息化人才队伍；要积极开展双边、多边的互联网国际交流合作。

11

我国网络安全法律体系是如何发展的？

　　我国网络空间管理和网络安全立法是一个循序渐进的过程。2000 年以前，法律法规将互联网作为技术工具看待，《计算机信息系统安全保护条例》（1994 年）、《计算机信息网络国际联网管理暂行规定》（1996 年）等行政法规颁布实施，立法更注重系统、基础设施等层面安全，以保护计算机信息系统，促进计算机应用发展。2000 年至 2014 年，网络信息治理进一步得到重视，《全国人民代表大会常务委员会关于维护互联网安全的决定》（2000 年）、《电信条例》（2000 年）、《互联网信息服务管理办法》（2000 年）、《计算机病毒防治管理办法》（2000 年）、《电子签名法》（2004 年）、《互联网 IP 地址备案管理办法》（2005 年）、《全国人民代表大会常务委员会关于加强网络信息保护的决定》（2012 年）等法律法规、部门规章开始实施，以促进互联网应用的健康发展。2014 年 2 月，中央网络安全和信息化领导小组（现中央网络安全和信息化委员会）成立，我国网络空间发展有了更明确的统筹协调和顶层设计，网络空间法律体系逐步建立完善。为维护网络空间主权和国家安全、社会公共利益，保护公民、法人和其他组织在网络空间的合法权益，促进经济社会信息化健康发展，《国家安全法》（2015 年）、《网络安全法》（2017 年）、《密码法》（2020 年）等法律法规相继出台，我国网络安全相关立法工作进入全面提速阶段。

延伸阅读

让互联网在法治轨道上健康运行

2015 年 12 月 16 日，习近平总书记在第二届世界互联网大会上发表主旨演讲时指出，网络空间不是"法外之地"。网络空间是虚拟的，但运用网络空间的主体是现实的，大家都应该遵守法律，明确各方权利义务。要坚持依法治网、依法办网、依法上网，让互联网在法治轨道上健康运行。

12

《网络安全法》何时颁布实施？

　　《中华人民共和国网络安全法》于 2016 年 11 月 7 日经第十二届全国人民代表大会常务委员会第二十四次会议审议通过，并由中华人民共和国主席令第五十三号予以公布，自 2017 年 6 月 1 日起施行。为进一步落实《网络安全法》，相关部门制定出台了《国家网络安全事件应急预案》《云计算服务安全评估办法》《网络安全审查办法》等，《关键信息基础设施安全保护条例》《数据安全管理办法》等已公开征求意见。

《中华人民共和国网络安全法》于 2017 年 6 月 1 日起实施

（视频来源：央视网 2017 年 6 月 1 日）

13

《网络安全法》主要内容是什么？

《网络安全法》分为 7 章 79 条。7 章分别是总则、网络安全支持与促进、网络运行安全、网络信息安全、监测预警与应急处置、法律责任和附则。主要涵盖保障网络空间主权和国家安全、保障网络产品和服务安全、保障网络运行安全、保障关键信息基础设施安全、保障个人信息安全、保障网络信息安全、监测预警与应急响应、监督管理部门、网络安全支持与促进等内容。《网络安全法》亮点突出，明确了网络空间主权的原则，明确了网络产品和服务提供者、网络运营者的安全义务，进一步完善了个人信息保护规则，建立了关键信息基础设施安全保护制度，确立了关键信息基础设施重要数据跨境传输的规则。

延伸阅读

《网络安全审查办法》发布实施

2020 年 4 月，国家网信办等 12 个部门联合发布了《网络安全审查办法》，并于 2020 年 6 月 1 日正式实施。网络安全审查是依据《国家安全法》《网络安全法》开展的一项工作。《国家安全法》第五十九条规定，国家建立国家安全审查和监管的制度与机制，对影响或者可能影响国家安全的网络信息技术产品和服务，以及其他重大事项和活动，进行国家安全审查。《网络安全法》第三十五条规定，关键信息基础设施的运营者采购网络产品和服务，可能影响国家安全的，应当通过国家网信部门会同国务院有关部门组织的国家安全审查。

网络安全审查

新华社发　勾建山　作

《网络安全审查办法》答记者问

（资料来源：中国网信网 2020 年 4 月 27 日）

14

《网络安全法》的重要意义在哪里？

《网络安全法》是我国网络安全领域的基础性法律，具有里程碑式的重大意义。作为我国第一部网络安全的专门性综合性立法，《网络安全法》提出应对网络安全挑战这一全球性问题的中国方案，是国家安全领域的一部重要法律，对于落实总体国家安全观，维护国家网络空间主权、安全和发展利益具有十分重要的意义。《网络安全法》在充分总结近年来我国网络安全工作成熟经验基础上，确立维护和保障网络安全的基本制度框架。同时，还有一些制度安排确有必要，但尚缺乏实践经验，《网络安全法》对此进行了原则性规定，为需要制定的配套法规政策预留接口。

《网络安全法》解读
（资料来源：中国网信网 2016 年 11 月 7 日）

15

公民、法人和其他组织维护国家网络安全的权利和义务有哪些？

　　《网络安全法》规定，国家保护公民、法人和其他组织依法使用网络的权利，促进网络接入普及，提升网络服务水平，保障网络信息依法有序自由流动；公民个人信息受到保护，网络运营者对收集的用户信息必须严格保密，要建立健全用户信息保护制度；公民拥有个人信息的删除权和更正权。个人和组织按法律规定需履行相应义务，使用网络应当遵守宪法法律，遵守公共秩序，尊重社会公德；使用网络时禁止从事危害网络安全、危害国家安全、破坏社会秩序、侵犯他人合法权益的活动。

《网络安全法》中关于公民权利与义务条款

任何个人和组织有权对危害网络安全的行为向网信、电信、公安等部门举报。关于个人信息安全，《网络安全法》规定，个人发现网络运营者违反法律、行政法规的规定或者双方的约定收集、使用其个人信息的，有权要求网络运营者删除其个人信息；发现网络运营者收集、存储的其个人信息有错误的，有权要求网络运营者予以更正。网络运营者应当采取措施予以删除或者更正。

同时《网络安全法》规定，任何个人和组织使用网络应当遵守宪法法律，遵守公共秩序，尊重社会公德，不得危害网络安全，不得利用网络从事危害国家安全、荣誉和利益，煽动颠覆国家政权、推翻社会主义制度，煽动分裂国家、破坏国家统一，宣扬恐怖主义、极端主义，宣扬民族仇恨、民族歧视，传播暴力、淫秽色情信息，编造、传播虚假信息扰乱经济秩序和社会秩序，以及侵害他人名誉、隐私、知识产权和其他合法权益等活动。

16

网络运营者与网络产品、服务提供者有哪些维护网络安全的义务与责任？

关于网络运营者与网络产品、服务提供者在维护网络安全方面的责任和义务，《网络安全法》第二十一条规定网络运营者应满足网络安全等级保护五方面的要求。第二十二条规定网络产品、服务提供者履行保证安全和保护个人信息的责任和义务，网络产品、服务应当符合相关国家标准的强制性要求。此外，《网络安全法》还对网络运营者落实实名制、网络安全事件处置、提供技术支持和协助、信息发布以及投诉举报和配合网信等部门实施安全检查进行规定。

延伸阅读

一公司不履行网络安全义务，被依法追究法律责任

2019 年 6 月 5 日，广东潮州警方接到通报，潮州市某能源公司网站存在两个高危漏洞。经调查，该公司网络安全部门对公司网站的代码漏洞黑盒测试不到位，导致网站出现两个高危漏洞，存在极大网络安全隐患。警方采取行动，要求该公司网络安全部门对网站进行断网处置，及时开展网络安全隐患整改工作，并函告整改情况。同时，要求该公司网络主要负责人到公安机关说明情况。根据调查情况，警方依据《网络安全法》相关规定，对该能源公司给予行政警告处罚。

17

法律规定关键信息基础设施该如何保护？

《网络安全法》围绕关键信息基础设施的运行安全，要求关键信息基础设施在符合网络安全等级保护制度的基础上，实行重点保护。明确关键信息基础设施的范围，各行业、各领域的关键信息基础设施的安全保护工作由本行业、本领域的相关部门负责。建设关键信息基础设施应当确保其具有支持业务稳定、持续运行的性能，并保证安全技术措施同步规划、同步建设、同步使用。设置专门的管理机构和负责人，定期进行教育、培训和考核，进行容灾备份，制定应急预案，开展应急演练。采购产品和服务需通过安全审查，签订保密协议。个人信息和重要数据需在境内存储。对信息系统定期开展检测评估。

网络安全等级保护进程

1994 年 2 月 18 日，《中华人民共和国计算机信息系统安全保护条例》（国务院令第 147 号，2011 年 1 月 8 日修订）实施，首次提出"计算机信息系统实行安全等级保护"概念。

1999 年 9 月 13 日，《计算机信息系统安全等级保护划分准则》（GB17859-1999）发布，并于 2000 年 1 月 1 日起实施。该标准规定了计算机信息系统安全保护能力的五个等级，即：第一级用户自主保护级，第二级系统审计保护级，第三级安全标记保护级，第四级结构化保护级，第五级访问验证保护级。计算机信息系统安全保护能力随着安全保护等级的增高逐渐增强。

2008 年，《信息安全技术信息系统安全等级保护基本要求》（GB/T22239-2008）明确对于各等级信息系统的安全保护基本要求。

2017 年 6 月 1 日，《网络安全法》正式实施，规定国家实行网络安全等级保护制度。网络运营者应当按照网络安全等级保护制度的要求，履行安全保护义务，保障网络免受干扰、破坏或者未经授权的访问，防止网络数据泄露或者被窃取、篡改，落实网络安全等级保护制度上升到法律层面。

2018年6月27日，公安部发布《网络安全等级保护条例（征求意见稿）》，就网络安全等级保护的适用范围、各监管部门的职责、网络运营者的安全保护义务以及网络安全等级保护建设向社会征求意见。

2019年5月13日，《信息安全技术网络安全等级保护安全设计技术要求》（GB/T 25070-2019）等国家标准正式发布，并已于2019年12月1日开始实施。我国网络安全等级保护制度正式迈入2.0时代。

18

法律对数据安全如何规定？

《网络安全法》规定，网络数据是指通过网络收集、存储、传输、处理和产生的各种电子数据。《网络安全法》鼓励开发网络数据安全保护和利用技术，促进公共数据资源开放，推动技术创新和经济社会发展。在网络数据安全保障方面，《网络安全法》规定，网络运营者采取数据分类、重要数据备份和加密等措施，防止网络数据被窃取或者篡改，加强对公民个人信息的保护，防止公民个人信息被非法获取、泄露或者非法使用，要求关键信息基础设施运营者在境内存储公民个人信息等重要数据，网络数据确实需要跨境传输时，需要经过安全评估。

延伸阅读

《数据安全管理办法（征求意见稿）》公开征求意见

为维护国家安全、社会公共利益，保护公民、法人和其他组织在网络空间的合法权益，保障个人信息和重要数据安全，根据《网络安全法》等法律法规，国家网信办会同相关部门研究起草了《数据安全管理办法（征求意见稿）》，于 2019 年 5 月 28 日向社会公开征求意见。

实施国家大数据战略加快建设数字中国
（视频来源：新华网 2017 年 12 月 9 日）

19

法律对个人信息保护如何规定？

《网络安全法》规定，网络产品、服务具有收集用户信息功能的，其提供者应当向用户明示并取得同意；涉及用户个人信息的，还应当遵守本法和有关法律、行政法规关于个人信息保护的规定。网络运营者应当对其收集的用户信息严格保密，并建立健全用户信息保护制度。2019 年 10 月，国家网信办发布的《儿童个人信息网络保护规定》正式施行，为我国完善儿童个人信息网络保护相关工作提供了依据。同年 12 月，国家网信办、工业和信息化部、公安部、国家市场监督管理总局联合印发了《App 违法违规收集使用个人信息行为认定方法》，明确了"未公开收集使用规则""未明示收集使用个人信息的目的、方式和范围""未经用户同意收集使用个人信息""违反必要原则，收集与其提供的服务无关的个人信息""未经同意向他人提供个人信息"和"未按法律规定提供删除或更正个人信息功能"或"未公布投诉、举报方式等信息"行为的认定方法。2020 年 5 月，第十三届全国人民代表大会第三次会议通过《中华人民共和国民法典》，其中第一百一十一条规定，自然人的个人信息受法律保护。任何组织或者个人需要获取他人个人信息的，应当依法取得并确保信息安全，不得非法收集、使用、加工、传输他人个人信息，不得非法买卖、提供或者公开他人个人信息。

延伸阅读

疫情防控中的个人信息保护

2020年2月，为做好新型冠状病毒感染肺炎疫情联防联控中的个人信息保护，积极利用包括个人信息在内的大数据支撑联防联控工作，中央网信办发布《关于做好个人信息保护利用大数据支撑联防联控工作的通知》，明确除国务院卫生健康部门依据《网络安全法》《传染病防治法》《突发公共卫生事件应急条例》授权的机构外，其他任何单位和个人不得以疫情防控、疾病防治为由，未经被收集者同意收集使用个人信息。为疫情防控、疾病防治收集的个人信息不得用于其他用途。收集或掌握个人信息的机构要对个人信息的安全保护负责，采取严格的管理和技术防护措施，防止被窃取、被泄露。

公安部公布十起侵犯公民个人信息违法犯罪典型案件
（资料来源：公安部网站 2020 年 4 月 15 日）

20

网络安全监测预警与应急处置有哪些法律规定？

《网络安全法》规定，国家建立网络安全监测预警和信息通报制度。国家网信部门协调有关部门建立健全网络安全风险评估和应急工作机制，制定网络安全事件应急预案，并定期组织演练。网络安全事件应急预案按照事件发生后的危害程度、影响范围等因素对网络安全事件进行分级，并规定相应的应急处置措施。在网络安全事件发生风险增大时，省级及以上人民政府有关部门可采取风险预警措施，当发生网络安全事件时，应采取应急处置措施。

2017 年 1 月，中央网信办印发《国家网络安全事件应急预案》，明确在中央网络安全和信息化领导小组（现中央网络安全和信息化委员会）领导下，中央网信办统筹协调组织国家网络安全事件应对工作，有关部门做好网络安全监测预警、信息通报、应急处置以及预防保障等工作。各单位、重点行业主管或监管部门、各省（区、市）网信部门按照各自职能，指导做好或统筹组织开展对本单位、本行业、本地区网络和信息系统的网络安全监测工作；研判认为需要立即采取防范措施的，应当及时通知有关部门和单位，对可能发生重大及以上网络安全事件的信息及时报告，并根据监测研判情况发布预警；网络安全事件发生后，事发单位应立即启动应急预案，实施处置并及时报送信息，各有关地区、部门立即组织先期处置，控制事态，消除隐患，同时组织研判，注意保存证据，做好信息通报工作；做好事后调查处理和总结评估以及采取有效预防和保障措施；等等。

延伸阅读

监测预警与应急处置相关规定出台

2017年1月，中央网信办印发《国家网络安全事件应急预案》。中央网信办将网络安全事件分为四级：特别重大网络安全事件、重大网络安全事件、较大网络安全事件、一般网络安全事件，是国家网络安全事件应急预案体系的总纲。

2017 年 8 月，工业和信息化部印发《公共互联网网络安全威胁监测与处置办法》。明确公共互联网网络安全威胁是指公共互联网上存在或传播的、可能或已经对公众造成危害的网络资源、恶意程序、安全隐患或安全事件。2017 年 11 月，工业和信息化部印发《公共互联网网络安全突发事件应急预案》，适用于面向社会提供服务的基础电信企业、域名注册管理和服务机构、互联网企业（含工业互联网平台企业）发生网络安全突发事件的应对工作，明确组织体系、事件分级、监测预警、应急处置、事后总结、预防与应急准备、保障措施等内容。

2019 年 11 月 20 日，国家网信办会同公安部等有关部门起草的《网络安全威胁信息发布管理办法（征求意见稿）》发布，公开向社会征求意见。

21

《密码法》如何护航网络安全？

2019 年 10 月 26 日，《中华人民共和国密码法》经第十三届全国人民代表大会常务委员会第十四次会议审议通过，自2020年1月1日起施行。当前，密码已经渗透到保密通信、军事指挥、金融交易、防伪税控、电子支付、国家安全、国民经济等社会生产生活各方面。制定和实施《密码法》，就是要规范密码管理，引导全社会合规、正确、有效地使用密码，让密码在网络空间更加主动、更加充分地发挥保障作用，构建起以密码技术为核心、多种技术交叉融合的网络空间新安全体制。《密码法》作为我国密码领域第一部综合性、基础性法律，它与《国家安全法》《网络安全法》《反恐怖主义法》《反间谍法》等一起，共同构成国家安全法律制度体系，进一步筑牢网络安全，护卫国家安全。

延伸阅读

什么是密码？

提到"密码"，很多人会想到手机开机"密码"、电子邮箱登录"密码"、微信"密码"、银行卡支付"密码"等。这些生活中经常接触到的"密码"实际上是一种口令。它是一种简单、初级的身份认证手段，是最简易的密码。《密码法》中的密码，是指采用特定变换的方法对信息等进行加密保护、安全认证的技术、产品和服务。它的主要功能有两个：一个是加密保护，另一个是安全认证。前者是指将原来可读的信息变成不能识别的符号序列，后者是指确认主体和信息的真实可靠性。

22

国家发布网络空间安全相关战略有何重要意义？

《网络安全法》规定，国家制定并不断完善网络安全战略，明确保障网络安全的基本要求和主要目标，提出重点领域的网络安全政策、工作任务和措施。

2016 年 7 月，《国家信息化发展战略纲要》发布，文件指出维护网络空间安全将从维护网络主权和国家安全、确保关键信息基础设施安全、强化网络安全基础性工作三个方面加强部署。2016 年 12 月，我国《国家网络空间安全战略》正式发布，该战略分析了我国网络安全面临的机遇和挑战，提出国家网络空间安全的目标与共同维护网络空间安全的原则，确定坚定捍卫网络空间主权、坚决维护国家安全、保护关键信息基础设施、加强网络文化建设、打击网络恐怖和违法犯罪、完善网络治理体系、夯实网络安全基础、提升网络空间防护能力和强化网络空间国际合作为我国网络空间安全的战略任务。《国家网络空间安全战略》宣示了我国在网络空间的重大立场和主张，明确了战略目标和任务，也向世界昭告了中国捍卫国家安全和网络安全的坚定决心以及国际合作共同建设和平网络空间的善意和愿望。

2017年3月，《网络空间国际合作战略》发布，这是我国就网络问题首次发布的国际战略，《网络空间国际合作战略》申明了"和平、主权、共治、普惠"四项战略原则，确定了"维护主权与安全、构建国际规则体系、促进互联网公平治理、保护公民合法权益、促进数字经济合作和打造网上文化交流平台"的战略目标。《网络空间国际合作战略》与《国家网络空间安全战略》一脉相承，具体提出了构建网络空间命运共同体的中国方案。

《国家信息化发展战略纲要》
（资料来源：中国政府网 2016 年 7 月 27 日）

《国家网络空间安全战略》

（资料来源：中国国信网 2016 年 12 月 27 日）

《网络空间国际合作战略》

（资料来源：中国政府网 2017 年 3 月 1 日）

第三部分

网络安全应急体系

做好网络安全和信息化工作，要处理好安全和发展的关系，做到协调一致、齐头并进，以安全保发展、以发展促安全，努力建久安之势、成长治之业。

23

什么是网络安全应急响应？

网络安全应急响应是指通过有效的技术手段、组织管理、预案流程、制度规范等综合措施，对已发生或可能发生的有重大危害的业务系统和网络安全事件进行响应，以降低可能造成的风险和损失。

延伸阅读

全球网络安全治理面临新变化

当前，全球网络安全事件多发频发，推进全球网络安全治理的紧迫性凸显。网络攻击已是需要全球政府和科学家以及公众认真对待的新威胁。在全球网络安全治理进程中，需要协商建立全球网络安全问题的共识与行动计划，达成"防御而非攻击"的国家间网络安全共识。

24

国际网络安全应急体系架构是什么样的？

国际网络安全应急响应体系的重要运行机构是计算机应急响应组织（CERT）。各国国家级 CERT 作为本国网络安全威胁和事件的应急联络点，在国内和国际开展协调和沟通工作。一方面作为国内网络安全应急体系中的牵头单位，通过组织网络安全企业、学校、社会组织和研究机构，协调运营商、域名服务机构和其他应急组织等，构建本国网络安全应急体系，共同处理各类互联网重大网络安全事件，分析本国网络安全威胁态势。另一方面在国际上分享网络安全威胁信息，协调处置跨境网络安全事件，净化互联网环境。国际网络安全应急响应体系由各国网络安全应急响应组织共同协调组成。CERT 组织会通过双边联系渠道开展交流与合作，同时各国 CERT 组织也会自主发起成立全球和区域国际应急响应联盟开展多边交流与合作。

网络安全国际合作，共筑
安全防护网

新华社发　朱慧卿 作

25

国际网络安全应急合作的重要意义是什么？

各类网络安全威胁层出不穷，深刻影响网络空间安全与国家安全。由于互联网开放性和跨域性特点，跨地区、跨国界的网络攻击和安全事件日益增多，任何一个国家都无法完全独善其身。技术受限和跨域跟踪为网络安全事件处置增加了难度。与此同时，互联网发展十分迅猛，但由于各国互联网发展程度、技术能力、基础资源掌握等情况各不相同，国际社会尚未对网络空间治理规则、行为准则等达成全部共识。因此，加强国际网络安全应急合作，有效解决网络安全跨境事件，共享网络安全威胁信息，有利于净化全球互联网环境，增进国家间互信。各国应加强沟通，扩大共识，深化合作，共同构建网络空间命运共同体。

26

网络安全应急组织全球联盟是如何运行的？

国际事件响应与安全组织论坛（FIRST，Forum of Incident Response and Security Teams）是全球网络安全应急响应领域的联盟。FIRST 成立于 1990 年，现有成员 500 余个，来自中国、美国、俄罗斯、英国、德国、澳大利亚、巴西等近百个经济体，是预防和处置网络安全事件的国际联合会。FIRST 通过向成员提供联系渠道、分享实践和工具等途径，促进成员间对网络安全事件的快速响应。FIRST 按照其制定的运行原则和规章开展工作。下设董事会和秘书处。董事会由 10 人组成，任期两年。我国国家互联网应急中心于 2002 年成为 FIRST 正式成员。

27

网络安全应急组织区域联盟有哪些？

目前，网络安全应急组织区域联盟涉及亚太、欧洲、中东、非洲等全球多个区域。主要有亚太地区计算机应急响应组织（APCERT）、欧盟事件响应组织工作组（TF–CSIRT）、伊斯兰国家组织计算机应急响应小组（OIC–CERT）以及非洲计算机应急响应小组（AfricaCERT）等。

延伸阅读

国际主要应急响应区域组织

APCERT 是亚太地区计算机应急响应组织的联盟。APCERT 成立于 2003 年，现有成员 30 个，来自中国、澳大利亚、日本、韩国、马来西亚等 21 个经济体，其目标是通过国际合作帮助建立亚太地区安全、干净、可信的网络空间。

TF-CSIRT 是欧洲计算机应急响应组织的联盟，旨在促进欧洲和附近地区计算机应急响应组织之间的协作与协调，同时与全球和其他地区相关组织保持联系。

OIC-CERT 是根据 2005 年 6 月伊斯兰开发银行（IDB）理事会年会提议成立的，是伊斯兰计算机应急响应组织联盟。OIC-CERT 现有成员 49 个，来自利比亚、马来西亚、土耳其、约旦等 27 个经济体，其目标是鼓励和支持伊斯兰成员国 CERT 与其他 CERT 组织开展合作。

AfricaCERT 成立于 2010 年 5 月，是非洲地区计算机应急响应组织联盟。AfricaCERT 现有成员 31 个，来自南非、肯尼亚、埃塞俄比亚、加纳等 22 个国家，AfricaCERT 的目标是协助非洲国家建立和运作计算机安全和事件应对小组，为建立 CERT 而提供专门知识和咨询意见，并鼓励和支持非洲互联网服务区域各小组之间的合作。

28

政府间国际组织在网络安全应急合作方面开展了哪些工作？

目前，联合国、国际电信联盟（ITU）、亚太经合组织（APEC）、上海合作组织等国际政府间合作组织已成为网络安全应急响应合作的重要平台，纷纷将推动 CERT 组织合作纳入到有关文件或工作中。联合国信息安全政府专家组 2015 报告表示"应加强国家间 CERT 组织的合作"。2017 年《金砖国家网络安全务实合作路线图》在金砖国家领导人会议上获得通过，该路线图表示应"建立金砖国家间国家级 CERT 合作网"，建立应急响应联络、信息共享和促进签署合作备忘录等。

延伸阅读

国际电信联盟

国际电信联盟（International Telecommunication Union，ITU）

国际电信联盟

是主管信息通信技术事务的联合国机构，负责分配和管理全球无线电频谱与卫星轨道资源，制定全球电信标准，向发展中国家提供电信援助，促进全球电信发展。国际电信联盟总部设于瑞士日内瓦，国际电信联盟的全球成员包括193个成员国以及900多家公司、大学以及国际组织和区域性组织。

29

网络安全应急组织的基本职能是什么？

网络安全应急组织的基本职能主要包括威胁和事件发现、预警通报、应急处置等。威胁和事件发现是指网络安全应急组织通过自主监测、与国内外合作伙伴共享数据和信息以及获取网络安全事件报告等渠道实现对网络安全威胁和事件的及时发现。预警通报是指通过对掌握的网络安全威胁和事件资源的综合分析，实现网络安全威胁的分析预警、网络安全事件的情况通报、宏观网络安全状况的态势分析。应急处置是指对于发现和接收到的事件及时响应并积极协调处置。事件处置流程大体包括事件投诉、受理、处置和反馈几个环节。

CNCERT 发布预警通报

30

跨境网络安全事件应急处置如何开展？

跨境网络安全事件的处置，一般情况下主要通过各国国家级网络安全应急响应组织的联络点进行事件投诉和接收。双方就事件处置的请求、响应措施和事件处置结果进行联系。国家级网络安全应急响应组织可对接收到的国外事件投诉，协调本国有关机构采取措施进行处置。

延伸阅读

国家互联网应急中心跨境协调确认某国所受网络攻击来自其境内而非中国

2013 年 3 月 20 日，国家互联网应急中心了解到某国主要广播电视台以及部分金融机构疑似遭受黑客攻击，相关网络与信息系统突然出现瘫痪。国家互联网应急中心立即联系该国国家级应急响应组织了解具体情况。21 日，据该国国家级应急响应组织反馈称，黑客经由我国的 IP 地址攻击该国部分电视台和金融公司的杀毒软件管理服务器，并植入了恶意程序。但经国家互联网应急中心调查和分析，发现此 IP 已于 2012 年 8 月起停用。国家互联网应急中心立即于 22 日向该国国家级应急响应组织进行反馈。该国再次调查，发现受攻击银行一直使用私自设立的 IP 地址，而这恰好与中国的 IP 地址一致，误认为这是中国 IP 地址，确认此次事件的恶意代码并非来自中国。

31

各国间如何进行网络安全信息共享？

网络安全应急响应组织间相互共享掌握的网络安全威胁和事件信息。部分国家级 CERT 组织还承担本国网络安全信息共享的中枢职能，收集政府部门、基础设施部门、企业的相关威胁和事件信息并开展分析研判。同时各网络安全应急响应组织还通过国际或区域应急响应联盟的联系渠道或双边的联系方式就重大跨境网络安全威胁和事件进行及时沟通、信息共享。

32

网络安全应急组织如何开展能力建设工作？

网络安全应急组织能力建设工作包括强化网络安全事件应急

体制机制和法制建设，应急技术提升、人才队伍建设以及应急培训、演练活动等内容。网络安全应急组织每年定期举办活动提升本机构或本国网络安全意识水平和技术能力，包括举办网络安全年会、技术培训、应急演练与比赛等。

延伸阅读

中国网络安全年会

2020年8月12日，以"并肩应对威胁挑战"为主题的"2020中国网络安全年会"在网上成功召开。2004年以来，国家互联网应急中心已成功举办16届中国网络安全年会。目前，该会议已成为国内网络安全"用、产、学、研"各界技术和业务交流的重要桥梁和纽带，对于推动我国网络安全、提高社会网络安全意识起到了积极作用。会议旨在交流国内外网络安全工作新趋势、新问题、新思路，促进国家公共互联网网络安全应急体系成员间的合作，加强互联网行业的网络安全保障和突发安全事件的应急处置联动，促进政府部门、重要信息系统单位与网络安全产业界间的交流，普及宣传网络安全及网络安全应急工作知识，提升社会网络安全意识。

33

全球网络安全应急组织如何分类？

根据对象可进行如下分类：国家网络安全应急组织，负责监测和应对国家网络安全事件，作为联络点协调国内外 CERT 组织参与本国网络安全事件处置；政府网络安全应急组织，负责监测和应对政府网络安全事件，并确保政府信息通信基础设施和服务得到充分保障；关键信息基础设施保护网络安全应急组织，负责关键基础设施资产的监控和保护；军事网络安全应急组织，保护国防设施和国防活动所需的网络和信息通信技术基础设施；科研机构网络安全应急组织，负责为科研机构和团体提供安全应急响应服务；企业网络安全应急组织，负责提供安全应急响应服务，以满足企业内部需求，或对外提供针对客户的事故响应服务。全球第一个网络安全应急组织是美国的计算机紧急事件响应小组协调中心（Computer Emergency Response Team/Coordination Center, CERT/CC），成立于 1988 年，位于美国卡内基梅隆大学，为应对当年全球爆发的"莫里斯蠕虫"事件而成立。随后，全球纷纷建立形式多样的 CERT 组织。

莫里斯蠕虫

莫里斯蠕虫是第一种蠕虫病毒，得到媒体的强烈关注。莫里斯蠕虫案件也是依据美国 1986 年的《计算机欺诈及滥用法案》而定罪的第一宗案件。该蠕虫病毒由康奈尔大学学生罗伯特·泰潘·莫里斯编写，于 1988 年 11 月 2 日从麻省理工学院（MIT）施放到互联网上，莫里斯蠕虫病毒感染了大约 6000 台 Unix 计算机，损失为 1000 万至 1 亿美元。

34

典型的网络安全应急组织有哪些？

近年来，各国纷纷指定和建立本国的国家级 CERT 组织，以作为国内外的主要联络点，负责协调处置涉及本国的网络安全事件和威胁。比较典型的 CERT 组织有美国网络安全和基础设施安全局（CISA）、英国国家网络安全中心（NCSC）、我国国家互联网应急中心（CNCERT/CC）等。CISA是美国国土安全部职能部门，成立于2018年11月，美国计算机应急准备小组（US-CERT）和工业控制系统网络应急小组（ICS-CERT）隶属于该机构。英国NCSC于2016年成立，由网络评估中心、计算机应急响应小组、情报机构政府通信总部信息安全小组、国家基础设施保护中心合并而成，工作包括增强电子邮件安全性、扫描公共组织系统漏洞、鼓励创新身份认证模式、开展安全伙伴计划、减少攻击和应对安全事件以及在研究创新和技能上提升网络安全能力等。

延伸阅读

CERT 与 NCSC

多数国家会指定一个CERT组织作为本国的国家级CERT机构，也有一些国家有两个国家级CERT组织，分别负责国家基础网络安全与政府网络安全。近年来，不同于以往以"CERT"或"GovCERT"的名称，"NCSC"（国家网络安全中心，National Cyber Security Center）也成为一些国家级CERT名称。如荷兰NCSC-NL、芬兰NCSC-FI、英国NCSC等。多数国家的国家级CERT组织隶属于本国的通信信息主管部门，也有部分国家的CERT组织比较特殊，隶属于国土安全等部门。

（二）我国网络安全应急体系

35

我国建设网络安全应急体系的意义是什么？

我国建设网络安全应急体系，开展网络安全应急响应工作，增强网络安全事件应对能力，有助于预防和减少网络安全事件造成的损失和危害，保护公众利益，有助于维护国家安全、公共安全和社会秩序，有助于增强全民风险意识，对落实总体国家安全观、构建社会主义和谐社会具有重要意义。

一图看懂：十八大以来网络安全重大成就
（资料来源：求是网 2019 年 9 月 9 日）

36

我国网络安全应急体系在什么原则下开展工作?

　　我国网络安全应急体系以坚持统一领导、分级负责;坚持统一指挥、密切协同、快速反应、科学处置;坚持预防为主,预防与应急相结合;坚持谁主管谁负责、谁运行谁负责为原则开展工作,充分发挥各方面力量共同做好网络安全事件的预防和处置工作。

《国家网络安全事件应急预案》
(资料来源:中国网信网 2017 年 6 月 27 日)

37

我国网络安全应急体系如何构成？

　　我国国家网络安全应急工作由中央统一领导指挥，各地区、各部门分级负责，网络运营者、专业队伍和社会力量共同参与，开展应急联动、协同处置工作。在中央网络安全和信息化委员会领导下，中央网信办统筹协调组织国家网络安全事件应对工作，建立健全跨部门联动处置机制。国家网络安全应急办公室设在中央网信办，负责网络安全应急跨部门、跨地区协调工作和指挥部的事务性工作，组织指导国家网络安全应急技术支撑队伍做好应急处置的技术支撑工作。中央和国家机关各部门按照职责和权限，负责本部门、本行业网络和信息系统网络安全事件的预防、监测、报告和应急处置工作。工业和信息化部、公安部、国家保密局等相关部门按照职责分工负责相关网络安全事件应对工作，财政部门为网络安全事件应急处置提供必要的资金保障。各省（区、市）网信部门在本地区党委网络安全和信息化委员会统一领导下，统筹协调组织本地区网络和信息系统网络安全事件的预防、监测、报告和应急处置工

共筑网络安全防线　　　　　　　　　　　　新华社发　翟桂溪 作

作。行业机构也构成我国网络安全应急体系中不可或缺的一部分，主要涉及基础电信运营企业、非经营性互联单位、域名注册管理和服务机构、网络安全企业、互联网企业、软硬件厂商、关键信息基础设施行业机构、增值电信业务经营企业、互联网协会等。

38

我国网络安全应急体系承担哪些方面工作？

我国网络安全应急体系主要承担了五大方面的工作：监测与预警、应急处置、调查与评估、预防工作、保障措施。

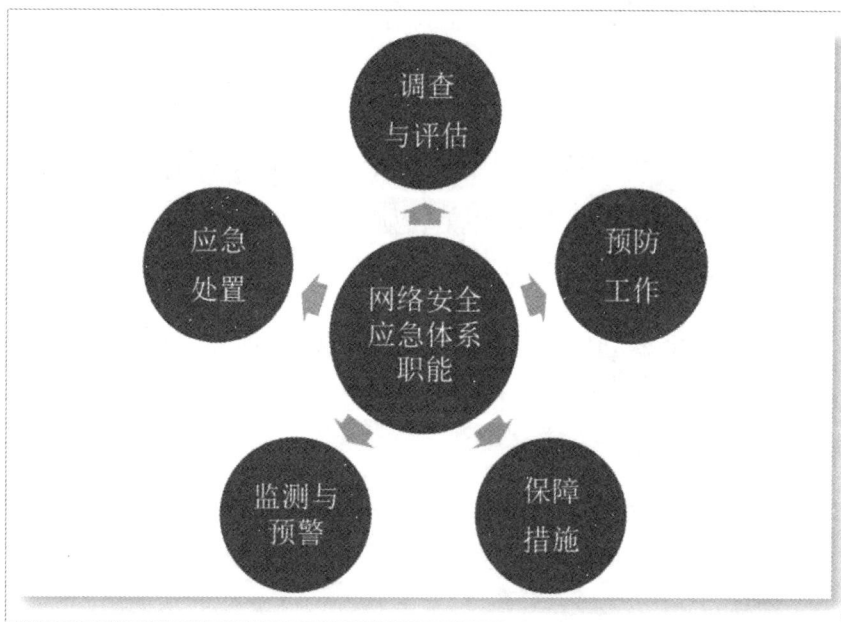

网络安全应急体系职能

延伸阅读

网络安全事件分类

《国家网络安全事件应急预案》将网络安全事件分为有害程序事件、网络攻击事件、信息破坏事件、信息内容安全事件、设备设施故障、灾害性事件和其他网络安全事件等。其中有害程序事件分为计算机病毒事件、蠕虫事件、特洛伊木马事件、僵尸网络事件、混合程序攻击事件、网页内嵌恶意代码事件和其他有害程序事件。网络攻击事件分为拒绝服务攻击事件、后门攻击事件、漏洞攻击事件、网络扫描窃听事件、网络钓鱼事件、干扰事件和其他网络攻击事件。信息破坏事件分为信息篡改事件、信息假冒事件、信息泄露事件、信息窃取事件、信息丢失事件和其他信息破坏事件。

39

我国网络安全事件预警如何分级？

网络安全事件预警等级分为四级：由高到低依次用红色、橙色、黄色和蓝色表示，分别对应发生或可能发生特别重大、重大、较大和一般网络安全事件。各级部门、各单位组织开展网络安全监测工作，对监测发现的信息进行研判，根据研判情况发布相关预警，预警信息包括事件类别、预警级别、起始时间、可能影响范围、警示事项、应采取措施和时限要求、发布机关等，并根据不同的预警等级采取相应的预警响应措施。预警发布部门或地区根据实际情况，确定是否解除预警，及时发布预警解除信息。

延伸阅读

特别重大网络安全事件

符合下列情形之一的，为特别重大网络安全事件：

1.重要网络和信息系统遭受特别严重的系统损失，造成系统大面积瘫痪，丧失业务处理能力。

2.国家秘密信息、重要敏感信息和关键数据丢失或被窃取、篡改、假冒，对国家安全和社会稳定构成特别严重威胁。

3.其他对国家安全、社会秩序、经济建设和公众利益构成特别严重威胁、造成特别严重影响的网络安全事件。

重大网络安全事件

符合下列情形之一且未达到特别重大网络安全事件的，为重大网络安全事件：

1. 重要网络和信息系统遭受严重的系统损失，造成系统长时间中断或局部瘫痪，业务处理能力受到极大影响。

2. 国家秘密信息、重要敏感信息和关键数据丢失或被窃取、篡改、假冒，对国家安全和社会稳定构成严重威胁。

3. 其他对国家安全、社会秩序、经济建设和公众利益构成严重威胁、造成严重影响的网络安全事件。

较大网络安全事件

符合下列情形之一且未达到重大网络安全事件的，为较大网络安全事件：

1. 重要网络和信息系统遭受较大的系统损失，造成系统中断，明显影响系统效率，业务处理能力受到影响。

2. 国家秘密信息、重要敏感信息和关键数据丢失或被窃取、篡改、假冒，对国家安全和社会稳定构成较严重威胁。

3. 其他对国家安全、社会秩序、经济建设和公众利益构成较严重威胁、造成较严重影响的网络安全事件。

一般网络安全事件

除上述情形外，对国家安全、社会秩序、经济建设和公众利益构成一定威胁、造成一定影响的网络安全事件，为一般网络安全事件。

40

我国网络安全事件应急响应如何分级？

我国网络安全事件应急响应分为四级，分别对应特别重大、重大、较大和一般网络安全事件：I 级响应，为最高响应级别，属特别重大网络安全事件的，及时启动 I 级响应。II 级响应，针对重大网络安全事件的 II 级响应，由有关省（区、市）和部门根据事件的性质和情况确定。III、IV 级响应，较大和一般网络安全事件应急响应属 III、IV 级，事件发生地区和部门按相关预案进行应急响应。

基层单位应重视网络安全防范

41

如何开展网络安全事件调查与评估？

特别重大网络安全事件由应急办组织有关部门和省（区、

市）进行调查处理和总结评估，并按程序上报。重大及以下网络安全事件由事件发生地区或部门自行组织调查处理和总结评估，其中重大网络安全事件相关总结调查报告报应急办。总结调查报告应对事件的起因、性质、影响、责任等进行分析评估，提出处理意见和改进措施。事件的调查处理和总结评估工作原则上在应急响应结束后 30 天内完成。

延伸阅读

什么是重要网络与信息系统、重要敏感信息？

重要网络与信息系统是指所承载的业务与国家安全、社会秩序、经济建设、公众利益密切相关的网络和信息系统。

重要敏感信息是指不涉及国家秘密，但与国家安全、经济发展、社会稳定以及企业和公众利益密切相关的信息，这些信息一旦未经授权披露、丢失、滥用、篡改或销毁，可能造成以下后果：损害国防、国际关系；损害国家财产、公共利益以及个人财产或人身安全；影响国家预防和打击经济与军事间谍、政治渗透、有组织犯罪等；影响行政机关依法调查处理违法、渎职行为，或涉嫌违法、渎职行为；干扰政府部门依法公正地开展监督、管理、检查、审计等行政活动，妨碍政府部门履行职责；危害国家关键基础设施、政府信息系统安全；影响市场秩序，造成不公平竞争，破坏市场规律；可推论出国家秘密事项；侵犯个人隐私、企业商业秘密和知识产权；损害国家、企业、个人的其他利益和声誉。

42

如何开展网络安全事件预防工作？

各地区、各部门按职责做好网络安全事件日常预防工作，制定完善相关应急预案，做好网络安全检查、隐患排查、风险评估和容灾备份，健全网络安全信息通报机制，及时采取有效措施，减少和避免网络安全事件的发生及危害，提高应对网络安全事件的能力。定期组织演练，充分利用各种传播媒介及其他有效的宣传形式，加强突发网络安全事件预防和处置的有关法律、法规和政策的宣传，将网络安全事件的应急知识列为领导干部和有关人员的培训内容，加强网络安全特别是网络安全应急预案的培训，提高防范意识及技能。在国家重要活动、会议期间，各省（区、市）、各部门要加强网络安全事件的防范和应急响应，确保网络安全。应急办统筹协调网络安全保障工作，根据需要要求有关省（区、市）、部门启动红色预警响应。有关省（区、市）、部门加强网络安全监测和分析研判，及时预警可能造成重大影响的风险和隐患，重点部门、重点岗位保持 24 小时值班，及时发现和处置网络安全事件隐患。

维护网络安全，这些"加强"要牢记
（视频来源：中国网信网 2018 年 11 月 13 日）

43

如何采取网络安全保障措施？

各地区、各部门、各单位要落实网络安全应急工作责任制，把责任落实到具体部门、具体岗位和个人，并建立健全应

全方位保障网络安全

急工作机制。加强网络安全应急技术支撑队伍建设，建立国家
网络安全应急专家组，从教育科研机构、企事业单位、协会中
选拔网络安全人才，建立网络安全事件应急服务体系。加强
网络安全应急基础平台和管理平台建设，加强网络安全防范
技术研究。建立国际合作渠道，签订合作协定，必要时通过
国际合作共同应对突发网络安全事件。加强对网络安全物资、
经费保障。对网络安全事件应急管理工作中作出突出贡献的
先进集体和个人给予表彰和奖励，对不按照规定制定预案和
组织开展演练，迟报、谎报、瞒报和漏报网络安全事件重要

情况或者应急管理工作中有其他失职、渎职行为的，依照相关规定对有关责任人给予处分，构成犯罪的，依法追究刑事责任。

44

网络和信息系统损失程度如何划分？

根据《国家网络安全事件应急预案》，网络和信息系统损失是指由于网络安全事件对系统的软硬件、功能及数据的破坏，导致系统业务中断，从而造成损失，损失程度大小主要考虑恢复系统正常运行和消除安全事件负面影响所需付出的代价，划分为特别严重的系统损失、严重的系统损失、较大的系统损失和较小的系统损失。

延伸阅读

1.特别严重的系统损失。造成系统大面积瘫痪，使其丧失业务处理能力，或系统关键数据的保密性、完整性、可用性遭到严重破坏。

2.严重的系统损失。造成系统长时间中断或局部瘫痪，使其业务处理能力受到极大影响，或系统关键数据的保密性、完整性、可用性遭到破坏。

3.较大的系统损失。造成系统中断，明显影响系统效率，使重要信息系统或一般信息系统业务处理能力受到影响，或系统重要数据的保密性、完整性、可用性遭到破坏。

4.较小的系统损失。造成系统短暂中断，影响系统效率，使系统业务处理能力受到影响，或系统重要数据的保密性、完整性、可用性遭到影响。

第四部分

网络安全常见概念

网络安全和信息化是事关国家安全和国家发展、事关广大人民群众工作生活的重大战略问题，要从国际国内大势出发，总体布局，统筹各方，创新发展，努力把我国建设成为网络强国。

45

什么是恶意程序？

恶意程序是指在用户不知情或未经授权的情况下，在信息系统中安装、执行以达到不正当目的或具有违反国家相关法律法规行为的可执行文件、程序模块或程序片段。按照安装执行方式分类，包括木马程序、僵尸程序、蠕虫程序、病毒程序、后门程序等类型。按照行为属性分类，包括信息窃取、远程控制、恶意传播、系统破坏、资费消耗、恶意扣费、诱骗欺诈和流氓行为等类型。

电脑病毒要防范

（视频来源：人民网 2015 年 5 月 30 日）

46

什么是僵尸网络？

僵尸网络（Botnet）是指采用一种或多种传播手段，使大量联网设备感染僵尸程序并通过控制信道接收攻击者的指令，从而在攻击者和被感染设备之间形成可一对多控制的网络。受感染设备包括计算机、服务器、移动设备和物联网设备等类型。攻击者利用僵尸网络可对受感染设备直接进行攻击，也可利用大量受感染设备发起大规模的网络攻击，如分布式拒绝服务攻击、海量垃圾邮件等。

僵尸网络

（视频来源：科普中国网 2019 年 1 月 23 日）

僵尸网络横行，"豌豆射手"难觅

在恐怖电影中，我们经常能看到这样的场景：一群僵尸疯狂地追逐、攻击人类，却在"赶尸人"面前非常老实、听话。僵尸程序就是如此，被其感染的硬件设备，就如同僵尸群一样可以被随意驱使、控制，成为被人利用的工具。有些僵尸程序非常"聪明"，在潜伏时，它们有的每隔一段时间有规律地向控制者汇报情况，有的则无规律地"报平安"。常规的检测手段很难将它们检测出来，有时只能通过检测同一网络中不同主机与控制者间的相似数据传输，才能发现僵尸网络的"蛛丝马迹"。僵尸网络往往利用操作系统或软件漏洞传染硬件设备并扩大其规模，现有的网络防御系统大多只能检测、抵御利用已知漏洞的僵尸程序。但无论多完善的软件系统都会存在未知漏洞，黑客们只要发现并利用这些新的漏洞，就可以展开僵尸网络攻击。在主机层面，需要为自己的计算机、手机、物联网等设备安装杀毒等防御软件并按时更新，保证其能抵御不断更新的僵尸网络攻击手段。在网络层面，如一个学校或企业的局域网，要及时进行针对僵尸网络的全网检测，一旦发现要及时处理。

47

什么是木马？

　　木马程序是由攻击者安装在受攻击设备上并秘密运行的恶意程序。通常由控制端和被控端组成，具有很强的隐蔽性，可能长期潜伏，并根据攻击者的指令突然发起攻击。由于它像间谍一样潜入受攻击设备，与战争中的"木马"战术十分相似，因而得名木马。按照功能分类，包括盗号木马、网银木马、窃密木马、远程控制木马、流量劫持木马、下载类木马等类型。

木马攻击要防范
（视频来源：人民网 2015 年 5 月 30 日）

48

什么是蠕虫？

蠕虫是指能自我复制和广泛传播，以占用系统和网络资源为主要目的的恶意程序。蠕虫程序入侵控制一个设备后，将其作为宿主并扫描感染其他设备，进而广泛传播。按照传播途径

蠕虫程序传播广泛

分类，包括邮件蠕虫、即时消息蠕虫、U 盘蠕虫、漏洞利用蠕虫等类型。

延伸阅读

勒索病毒蠕虫化更加流行

当前勒索病毒层出不穷，病毒蠕虫化趋势明显。以前，勒索病毒通常只锁住用户设备或加密单个设备。2017 年以后，勒索病毒已经不满足于只加密一台设备，而是通过漏洞或弱口令攻击网络中的其他设备。黑客为了提高勒索软件传播效率，不断更新攻击方式，常见的攻击方式有系统漏洞攻击、远程访问弱口令攻击、钓鱼邮件攻击等。

49

什么是木马程序控制端和被控端？

木马程序包括控制端程序和被控端程序两部分。一般来说，

遭遇"木马"

受攻击设备（也称"肉鸡"）感染木马程序后，植入的被控端程序在该设备上打开特定端口进行监听，当攻击者通过控制端程序向该端口提出连接请求时，被控端程序自动运行并应答该请求，从而实现与控制端程序通信。如果受攻击设备感染的是反弹端口型木马，则植入的被控端程序会主动连接控制端的常用端口，以躲避防火墙的拦截。

50

什么是挂马和放马？

　　网页挂马是恶意程序的常用传播途径之一。网页挂马是指通过在网页中嵌入恶意代码或链接，致使用户计算机在访问该页面时被植入恶意代码。直接提供恶意程序下载的网站称为放马网站，用户访问被挂马的网页时，会被转向到放马网站，并自动下载木马程序。

延伸阅读

50 款常用软件被网页挂马袭击

　　据媒体报道，2018 年 4 月，国内网络安全监测机构发现，有 50 款常用软件在用户不知情的情况下被植入木马程序，其中不乏用户量在千万级别的知名软件。此次挂马下载的木马有多个不同版本，危害行为包括推广安装软件、操纵用户电脑资源挖取门罗币牟利、利用用户电脑下载另一个远程控制木马以及对"中毒"电脑进行长期监控等。当用户打开染毒软件时，软件内嵌的新闻广告页会下载一个广告，由于该广告页已被植入病毒，最终用户会访问到利用漏洞进行攻击的网页。此时如果该用户的电脑存在安全漏洞，就会自动下载功能强大的木马并运行。如果用户不幸"中毒"，当其在使用电商软件或者支付类型的软件进行交易时，该木马会劫持交易，将用户资金转入特定账户，给用户造成严重的经济损失。

51

什么是恶意邮件？

恶意邮件是以骗取用户重要信息、传播恶意程序为主要目的的电子邮件，有时也被称为钓鱼邮件。按照发件人属性分类，包括将发件人伪造为熟人身份的恶意邮件和发件人为陌生人的恶意邮件。按照行为属性分类，包括诱骗回复敏感信息、诱骗打开仿冒网页、诱骗点击挂马网页、诱骗打开包含恶意程序的附件等类型。为防范恶意邮件，如电子邮件中包含链接、图片、附件等，建议与发件人沟通确认后再进行点击或下载等操作。

恶意邮件主题多具有诱惑性

52

什么是后门？

后门程序指绕过安全性控制而获取对程序或系统访问权的程序，为攻击者提供非授权访问的通道。后门程序可以被不同的黑客使用，用来破解账号密码、存取系统信息、修改系统权限、植入木马程序，甚至完全控制系统。按照实现技术分类，包括网站后门程序、线程插入后门程序、扩展后门程序等类型。

延伸阅读

想偷偷给手机装"后门"？没门

　　移动互联网时代，很多人都遇到过 App 或 SDK（软件工具开发包）未告知用户就收集个人信息，或者是未以显著方式标示且未经用户同意，将收集到的用户搜索、浏览记录、使用习惯等个人信息，用于定向推送或广告精准营销，且未提供关闭该功能选项等问题。针对这些问题，2020 年 7 月 29 日，工业和信息化部召开会议，要求各企业认真开展自查自纠，重点对专项行动中"App、SDK 违规处理用户个人信息""设置障碍、频繁骚扰用户""欺骗误导用户""应用分发平台责任落实不到位"4 个方面10 类问题集中排查，发现问题及时落实整改。

53

什么是网页仿冒和仿冒 App ？

网页仿冒和仿冒 App 是两种常见的网络诈骗方式。网页仿冒是通过构造与某一目标网站高度相似的页面诱骗用户的攻击方式。钓鱼网站是网页仿冒的一种常见形式，常以垃圾邮件、即时聊天、手机短信或网页虚假广告等方式传播，用户访问钓鱼网站后可能泄露账号、密码等个人隐私。仿冒 App 通过构造与正版 App 相似的图标或名称，诱惑用户下载并安装，可能给用户带来个人隐私信息泄露、恶意扣费等危害。

延伸阅读

北京法院对一起网络黑产案件公开一审宣判

2019 年 12 月 6 日，北京市海淀区人民法院公开开庭审理一起网络黑产犯罪案件并当庭宣判，对帮助他人制作"钓鱼网站"，假冒银行名义骗取用户信用卡信息的被告人陈某、黄某二人，以窃取信用卡信息罪，分别判处有期徒刑3年6个月、罚金5万元，同时判决追缴违法所得52万余元。经审理查明，2017年8月至2019年1月间，被告人陈某、黄某以牟利为目的，为电信网络诈骗犯罪分子制作、设立冒充多家银行的"钓鱼网站"，窃取他人信用卡资料，致使多名居民被骗。法院认为，陈某、黄某设立用于诈骗活动的网站，窃取他人信用卡信息，其行为均已构成窃取信用卡信息罪。

高仿App危害用户网络安全，真假难辨猫腻多
（视频来源：央视网2019年11月30日）

54

什么是网页篡改和暗链？

网页篡改是恶意破坏或更改网页内容，使网站无法正常工作或出现攻击者插入的非正常网页内容。暗链是网页篡改的一种形

式，攻击者插入的内容在被攻击网站一般不会直接显示，但能够通过搜索引擎获取。因此，暗链攻击常被用于通过非正常途径实现高效提升网站在搜索引擎中排名等目的。

盗取信息篡改网页，层层设套骗走贷款
（视频来源：央视网 2016 年 11 月 20 日）

55

什么是社会工程学攻击？

社会工程学攻击是网络安全防御体系中的一个薄弱点。从人的因素入手，通过与攻击对象交流，利用攻击对象的心理弱点、本能反应等，使其心理受到影响，以收集信息、行骗和入侵计算机系统。社会工程学攻击是为网络安全攻击提供辅助支持的一种方式。常见的社会工程学攻击包括诈骗电话、钓鱼邮件等。

延伸阅读

社会工程学的起源

社会工程学的概念来源于著名黑客凯文·米特尼克所著《反欺骗的艺术：世界传奇黑客的经历分享》，该书认为"人为因素才是安全的软肋"。通过小说故事的形式记述了典型的社会工程学攻击案例，向读者揭示了社会工程学的丰富手段和严重后果。

56

什么是防火墙？

防火墙是实现网络和信息安全的基础设施，主要是借助硬件和软件的作用，在内部网络和外部网络之间产生保护屏障，从而实现对不安全网络因素的阻断。防火墙普遍应用于专用网络与公用网络的互联环境之中，是在两个网络通讯时执行的一种访问控制手段，能最大限度阻止外部网络中的黑客访问内部网络，是不同网络或网络安全域之间信息的唯一出入口，能根据安全策略控制（允许、拒绝、监测）出入网络的信息流，且本身具有较强的抗攻击能力。防火墙典型功能包括对流经它的网络通信进行扫描以过滤攻击、关闭设备不使用的端口、禁止特定端口的流出通信以封锁木马、禁止来自特殊站点的访问，从而防止来自不明入侵者的所有通信。

了解网络防火墙

（视频来源：科普中国网 2019 年 11 月 22 日）

57

什么是反病毒软件？

反病毒软件也称为杀毒软件或防毒软件，是用于消除电脑病毒、木马和恶意软件等计算机威胁的一类软件。杀毒软件通常集成监控识别、病毒扫描和清除、自动升级、主动防御等功能，有些杀毒软件还带有数据恢复、防范黑客入侵、网络流量控制等功能。反病毒软件的任务是实时监控和扫描磁盘。实时监控方式因软件而异，有些反病毒软件通过在内存里划分一部分空间，将电脑里流过内存的数据与反病毒软件自身所带的病毒库（包含病毒定义）的特征码相比较，以判断是否为病毒，另一些反病毒软件则在所划分到的内存空间里面虚拟执行系统或用户提交的程序，并根据其行为或结果作出判断。

延伸阅读

不明文件勿启动，节后电脑要"体检"

2020 年，为加强新型冠状病毒感染的肺炎疫情防控工作，在"超长"的春节假期中，全国各地均采取了劝阻公众出行、走访、聚会、旅游等易导致人群聚集的活动，人们长时间在家驻留，直接引发电脑的使用率大大提升，这也给电脑病毒以可乘之机。有安全专家提醒，在一些节假日过后，一上班最好为电脑做全面的体检，遇到不明文件时，切勿双击启动。

58

什么是入侵检测系统？

　　入侵检测系统是计算机的监视系统，若在实时监视系统中发现异常情况就将发出警告。以信息来源的不同可分为基于主机的入侵检测系统和基于网络的入侵检测系统，根据检测方法又可分为异常入侵检测和误用入侵检测。入侵检测系统依照一定的安全策略，对网络、系统的运行状况进行监视，尽可能发现各种攻击企图、攻击行为或者攻击结果，以保证网络系统资源的机密性、完整性和可用性。入侵检测系统的位置一般选择应尽可能靠近攻击源或者尽可能靠近受保护资源的位置，通常部署在服务器区域的交换机、互联网接入路由器后的第一台交换机、重点保护网段的局域网交换机上。

延伸阅读

家庭摄像头遭入侵

　　2017年，据媒体报道，有大量家庭摄像头遭非法入侵，令原本私密的家庭生活场景，被陌生人所偷窥、猎奇。此消息一出让很多人感到惊恐与愤怒。一些网络摄像头可能由于软件安全的问题存在漏洞，容易被黑客攻击入侵。此外，一些用户可能在使用家庭摄像头时设置不当，使用默认或是过于简单的账号和密码，这同样也能导致摄像头被入侵。

59

什么是网络安全漏洞？

网络安全漏洞是网络产品或信息系统在需求、设计、实现、配置、运行等过程中，无意或有意产生的缺陷或薄弱点。这些缺陷或薄弱点以不同形式存在于网络产品或系统的各层次和环节中，一旦遭到恶意利用，将会对网络产品或系统安全造成损害，从而影响其正常运行。例如，广泛存在于 Web 服务的 SQL 注入漏洞，就是程序员在编写代码时，缺乏对用户输入数据的合法性校验，导致数据库中存放的用户数据发生泄漏的常见漏洞，攻击者利用该漏洞可以获得服务或系统权限。漏洞根据影响对象的不同，可分为影响软件、硬件、服务、网络协议等网络产品的通用型漏洞和影响具体信息系统的事件型漏洞。

国家信息安全漏洞共享平台（CNVD）

国家信息安全漏洞共享平台（China National Vulnerability Database，简称 CNVD）建立于 2019 年，是国家互联网应急中心联合国内重要信息系统单位、基础电信运营商、网络安全厂商、软件厂商和互联网企业建立的国家网络安全漏洞库。目前国家信息安全漏洞共享平台是国内漏洞收录数量和处置数量双第一的国家级漏洞库，十余年来在及时消除漏洞安全威胁、积极维护国家网络安全方面发挥了重要的作用。

60

什么是零日漏洞？

零日漏洞（0-day）是指厂商尚未完成修复的通用软硬件网络安全漏洞。不法分子利用零日漏洞，对系统或应用程序发动的网络攻击称为零日攻击，也被称为零时差攻击。零日攻击具有成功率高、隐蔽性强以及危害性大的特点，针对零日攻击的防御难度较大。

延伸阅读

2019 年 CNVD 平台漏洞收录情况

2019 年，国家信息安全漏洞共享平台（CNVD）共收录通用软硬件漏洞 16192 个，其中高危漏洞占 30.1%、中危漏洞占 59.9%，低危漏洞占 10.0%，收录漏洞补丁共 10487 个。原创通用软硬件漏洞数量占全年收录总数的 18.2%，零日漏洞 5706 个，可用于实施远程网络攻击的漏洞有 14167 个，可用于实施本地攻击的漏洞有 1905 个，可用于实施临近网络攻击的漏洞 120 个。按影响对象类型分类，占比前 3 位的为应用程序漏洞（56.2%）、Web 应用漏洞（23.3%）、操作系统漏洞（10.3%）。

61

网络安全漏洞有什么危害？

　　网络安全漏洞可能危害信息系统的机密性、完整性和可用性等方面。这三个属性是信息安全的基本属性。机密性是网络信息不被泄露给非授权用户、实体或过程，或供其利用的特性。完整性是指网络信息在存储或传输过程中保持不被偶然或蓄意地删除、修改、伪造、乱序、重放、插入等破坏和丢失的特性。可用性是指网络信息服务在需要时，允许授权用户或实体使用的特性，或者是网络部分受损或需要降级使用时，仍能为授权用户提供有效服务的特性。不同的网络安全漏洞可对上述三个属性造成不同程度的影响。

官网系统漏洞　韩国高考成绩泄露
（视频来源：央视网 2019 年 12 月 3 日）

62

网络安全漏洞利用有哪些途径？

　　网络安全漏洞的利用途径包括物理访问利用、本地访问利用、相邻网络访问利用和远程访问利用四种。物理访问利用是指攻击者需要物理接触或者操作受攻击目标才能完成漏洞利用攻击。本地访问利用是指攻击者需要具有物理访问权限或本地账户才能完成漏洞利用攻击。相邻网络访问利用是指攻击者需要接入与目标相邻的物理或逻辑网络，如蓝牙网络、Wi-Fi 网络、局域网等才能完成漏洞利用攻击。远程访问利用是指攻击者可以通过公共互联网或者其他信息传输媒介，以远程方式对设备发起漏洞利用攻击。

关注全球多地遭遇网络病毒攻击　网络攻击利用"视窗"系统漏洞

（视频来源：央视网 2017 年 5 月 13 日）

63

什么是信息泄露？

信息泄露是指个人敏感信息、商业秘密、国家秘密等通过主动或被动的方式被未授权方获得。其中个人敏感信息包括：个人基本信息、通信信息、网络行为信息、社会关系信息等。商业秘密是指具有商业价值且不为公众所知悉并经权利人采取相应保密措施的经营信息、技术信息等商业信息。国家秘密是指依照法定程序确定，在一定时间内只限一定范围的人员知悉的、关系国家安全和利益的事项信息。

关注个人信息保护

（视频来源：央视网 2016 年 12 月 16 日）

重视网络个人信息保护

64

信息泄露有什么危害？

个人敏感信息泄露可能会造成受害人收到垃圾短信、垃圾邮件、骚扰电话、冒名办卡消息，甚至可能造成受害人个人名誉受损、遭遇电信诈骗、账户资金遭到盗取等严重情况。机构敏感信息泄露，可能使得该机构经济利益、公众声望等受到损失，甚至面临诉讼等法律指控。泄露国家秘密会严重损害国家的安全和利益。

某集团酒店 5 亿条用户信息疑遭泄露

2018 年 8 月 28 日，某集团旗下连锁酒店用户数据疑似发生泄露。据网上流传一张"黑客出售某酒店集团客户数据"截图显示，一黑客在暗网中以 8 个比特币或 520 门罗币（约 37 万元人民币）的标价出售某集团旗下所有酒店的数据，共有 140G 约 5 亿条数据信息。从卖家发布的内容看，泄露的信息包括官网注册资料、酒店入住登记的身份信息及酒店开房记录、住客姓名、手机号、邮箱、身份证号、登录账号密码等。第三方安全平台对信息出售者提供的 3 万条数据进行验证，该数据真实性非常高。事件发生后，该集团第一时间进行报警。

65

网络信息泄露有哪些途径？

一般而言，网络泄露的个人信息主要来自受到攻击的互联网上存有个人数据的网站、数据库等信息系统，或个人手机、电脑等电子终端。黑客通常利用暴露在互联网上的数据访问接口或访问凭证对数据库等进行违规访问操作，或是利用系统未授权访问、弱口令等漏洞，越权进入系统后台窃取数据。此外，黑客还可能通过挂马网站或系统漏洞直接向个人手机、电脑等终端发起攻击，当受害者浏览受木马病毒感染的网站时即有可能自动下载恶意程序，而终端若未及时安装补丁则黑客就可能利用漏洞入侵，进而造成数据泄露。

延伸阅读

"最弱密码"——123456

2018 年 12 月，国外密码管理应用公司 SplashData 发表年度"最弱密码"报告，公布全球网民最普遍使用的弱密码。排名榜首的是"123456"，其次为"PASSWORD""123456789""12345678""12345""111111"。此外，"SUNSHINE""ILOVEYOU"以及依照标准键盘排列组成的密码"QWERTY"也是民众常用的弱密码。该公司称有10%的人都在用前25个最弱密码。应避免使用过于简单常用的字母、数字作为密码，加强密码复杂程度并定期更新。

关注网络安全，你的网络信息是怎么泄露的
（视频来源：央视网 2019 年 9 月 17 日）

66

什么是网络诈骗？

网络诈骗是指利用互联网服务或者软件实施诈骗的行为。诈骗分子通常在骗取受害者信任后，使用一系列预先编排的连环骗局，层层诱骗受害者的财物或重要个人信息。近年来，网络诈骗呈现明显的"组织化""产业化"特点，诈骗行为"流程化"，社会危害十分严重。

疫情期间，电信网络诈骗案为何上升？
（视频来源：央视网 2020 年 7 月 28 日）

67

网络诈骗有什么危害？

　　网络诈骗已经成为网络犯罪案件中占比最高的犯罪类型。2016 年至 2018 年，人民法院审理的网络犯罪案件中 30% 以上涉及诈骗罪。网络诈骗严重危害人民群众合法权益，严重影响经济社会健康发展，是网络社会一大毒瘤。网络诈骗最直接的危害就是造成受害者的经济损失和重要个人信息泄露。有的群众被骗走

"养老钱""救命钱",导致倾家荡产、家破人亡;有的企业被骗走巨额资金,导致破产倒闭。近年发生的多起网络诈骗案件产生了恶劣的社会影响。

延伸阅读

假冒"××金融"实施贷款诈骗

某用户在浏览新闻资讯时看到一个号称"一秒放款"的"贷款推广"广告,添加"客服"微信后收到一个二维码。受害用户扫描二维码后跳转到一个仿冒"××金融"App的下载页面,可在App上进行注册和登录。点击"注册"后须填写个人信息进行注册,申请后可成功登录用户中心。在登录成功并完善各类个人敏感信息之后,即可申请"贷款"。

申请后过一段时间,仿冒App的借款订单显示"订单异常",声称"银行卡与户名不符打款失败,由于您操作失误,导致打款失败,留下不良记录"。随后受害用户会收到"客服"的电话,要求受害用户通过微信、支付宝等渠道提供所谓20%贷款金额的"保证金",从而避免造成征信影响。但受害用户缴纳所谓"保证金"后,也并不会收到贷款,而是被骗取了相关费用。同时,在缴纳"保证金"后,受害用户又会收到"客服"的电话,表示出款被冻结,"为了保障双方的利益,现在需要购买一份金融保险"。由于此时已经缴纳"保证金"，很多受害用户出于挽回之前损失的心理状态，往往会一再陷入犯罪分子构造的后续骗局，等到幡然醒悟已被骗取较大金额资金。

68

网络诈骗有哪些途径？

网络诈骗的主要形式包括虚假贷款诈骗、银行钓鱼诈骗、冒充公检法诈骗、刷单类诈骗、征婚交友类诈骗、虚假购物消费诈骗和冒充购物客服退款诈骗等。其中，虚假贷款或银行钓鱼诈骗最为典型。诈骗分子首先通过钓鱼网站非法获取受害者个人信息，随后冒充银行工作人员或贷款公司工作人员通过电话、社交软件等联系受害者，先后以各种理由要求受害者汇款，或骗取受害者银行账号和密码等信息后，直接采取转账或消费的方式实施诈骗。

谨防网络诈骗，网络安全专家演示骗子惯用套路
（视频来源：央视网 2020 年 1 月 7 日）

69

什么是网络勒索？

网络勒索是发生在网络空间的敲诈勒索行为，指网络犯罪分子通过使用或者威胁使用某种恶意活动来侵害受害者，从而要求受害者付款以避免或停止恶意活动的行为。近年来，因网络勒索有利可图，利用相关技术进行网络攻击、敲诈勒索的犯罪案件呈现上升趋势。

网络勒索，警惕"新套路"
（视频来源：央视网 2018 年 8 月 12 日）

70

网络勒索有什么危害？

遭受到网络勒索侵害的公司网络安全受到破坏，不仅可能造成公司内部敏感数据泄露丢失，还可能严重损害公司声誉，失去客户并因此造成经济损失。遭受网络勒索侵害的个人，可能会面临个人隐私泄露问题，甚至严重影响个人生活、工作。

勒索病毒蔓延，多国网络感染
（视频来源：央视网 2017 年 5 月 13 日）

71

网络勒索有哪些途径？

最常见的网络勒索途径包括：拒绝服务攻击勒索，网络犯罪分子对目标公司进行拒绝服务攻击，并要求付费以停止攻击；威胁恐吓勒索，网络犯罪分子通过大量群发邮件，利用社会工程学手段，攻击人性弱点，声称自己已入侵并控制受害者电脑，发现了不可告人的秘密，让受害者以为自己的隐私遭到泄露，从而让受害者"消财免灾"以勒索钱财；基于泄露数据的勒索，网络犯罪分子通过技术手段窃取受害公司或受害者的内部敏感数据，并以公开披露敏感数据对公司进行威胁，或以泄露私人敏感信息对个人进行威胁要求受害者付款以停止进一步数据泄露；基于数据加密的勒索，网络犯罪分子通过技术手段将受害者系统内重要数据、资料文档等进行加密，要挟支付费用以解密重要文件；基于锁定系统的勒索，网络犯罪分子通过网络攻击锁定受害者系统，要挟支付费用来完成系统解锁；基于数据库劫持的勒索，网络犯罪分子对数据库进行网络攻击，劫持防范薄弱的数据库，要求数据库拥有者支付一定费用以恢复数据。

勒索病毒威胁犹存，制造业被攻击
（视频来源：央视网 2018 年 8 月 12 日）

72

什么是勒索软件？

　　勒索软件是一种对文件和文件夹进行加密的恶意软件，使受害者数据资产或计算资源无法正常使用，并以此为条件向受害者勒索钱财。一般情况下，勒索软件作者还会设定支付时限，赎金数目可能会随着时间推移而上涨。但即使受害者支付赎金，有时也无法正常使用系统，无法还原被加密文件。

网络勒索

"WannaCry"勒索病毒在全球范围内大规模爆发

2017 年 5 月 12 日起，一种名为"WannaCry"的勒索病毒在全球范围内大规模爆发，通过利用编号为 MS17-010 的 Windows 漏洞（称为"永恒之蓝"）主动传播感染受害者，并不断在教育、医疗、电力、能源、银行、交通等多个行业蔓延，对全球互联网安全都构成了严重威胁。

73

什么是网络黑产？

网络黑产，是指利用互联网技术实施网络攻击、窃取公民隐私信息、诈骗勒索、非法广告、推广黄赌毒等网络违法行为，以及为这些违法行为提供非法平台、工具制作，网络黑产资源收集、渠道传播、非法获利变现等黑色产业链。网络黑色产业链可分为上中下游，上游负责网络黑产资源的收集或者平台、工具的制作，例如伪基站、黑卡、钓鱼网站开发、恶意程序等；中游主要负责渠道传播，实施各种网络诈骗等违法活动，传播渠道如应用商店、恶意网盘、广告平台、个人网站等；下游主要负责非法交易变现，涉及众多黑灰色网络交易和支付手段，如游戏币充值、境外转账、网络博彩等。

网络"薅羊毛"案告破，"薅羊毛"背后的黑产——接码平台

（视频来源：央视网 2018 年 1 月 28 日）

74

网络黑产有什么危害？

网络黑产已成为非法敛财工具和商业不正当竞争手段。具体包括暗扣用户话费、推广黄赌毒广告、DDoS 攻击、刷单"薅羊毛"、网络诈骗等。网络黑产严重损害公民经济财产利益与个人信息安全，扰乱市场正常经营秩序，威胁关键信息基础设施稳定运行，严重影响互联网行业健康发展。当前，网络黑产已具有集团化、产业化，低成本、高技术、高回报以及链条错综复杂、追踪困难等特点。

挖出"黑账号" 斩断"黑链条"
（视频来源：央视网 2019 年 8 月 27 日）

75

网络黑产有哪些类型？

网络黑产类型有网络账号恶意注册、在线博彩平台、违规广告联盟、DDoS 攻击、仿冒钓鱼诈骗、非法网络金融平台、数据非法售卖、木马刷量、暗扣话费、勒索病毒、虚假流量、外挂、手机挖矿等。

延伸阅读

暗扣话费

当用户手机安装暗扣话费的恶意 App，App 启动后会私自发送订购短信或采用 WAP 的方式，订购某收费业务，私自拦截、屏蔽、删除运营商返回的回执短信，自动回复确认订购短信息，甚至还会私自下载其他恶意程序。

121

伪基站短信诈骗黑色产业链

伪基站短信诈骗黑色产业链中主要包括木马开发者、钓鱼网址开发者、洗钱师、信使、受害者。

详细示意图如下：

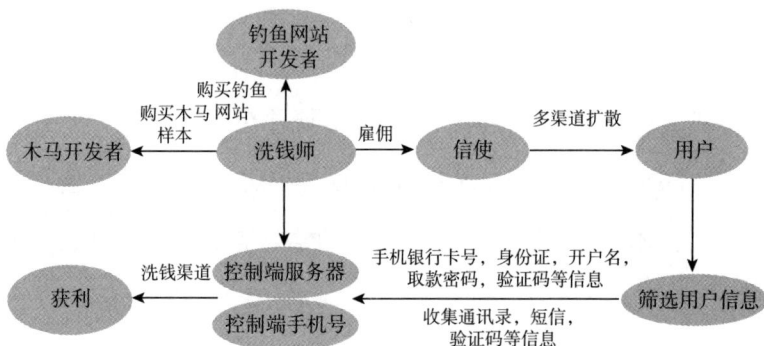

76

什么是分布式拒绝服务攻击（DDoS）?

分布式拒绝服务攻击（Distributed Denial-of-Service attack，DDoS）指攻击者利用网络上多个"肉鸡"主机，向目标计算机发送大量看似合法的请求，消耗或占用目标计算机大量网络或系统资源，使目标计算机无法处理合法请求，从而导致正常用户无法访问目标计算机。DDoS 攻击可以具体分成带宽消耗型和资源消耗型。常见的带宽消耗型 DDoS 攻击包括 UDP 洪水攻击和各种反射放大攻击，常见的资源消耗型 DDoS 攻击包括 SYN 洪水攻击和 CC 攻击（分布式 HTTP 洪水攻击）。

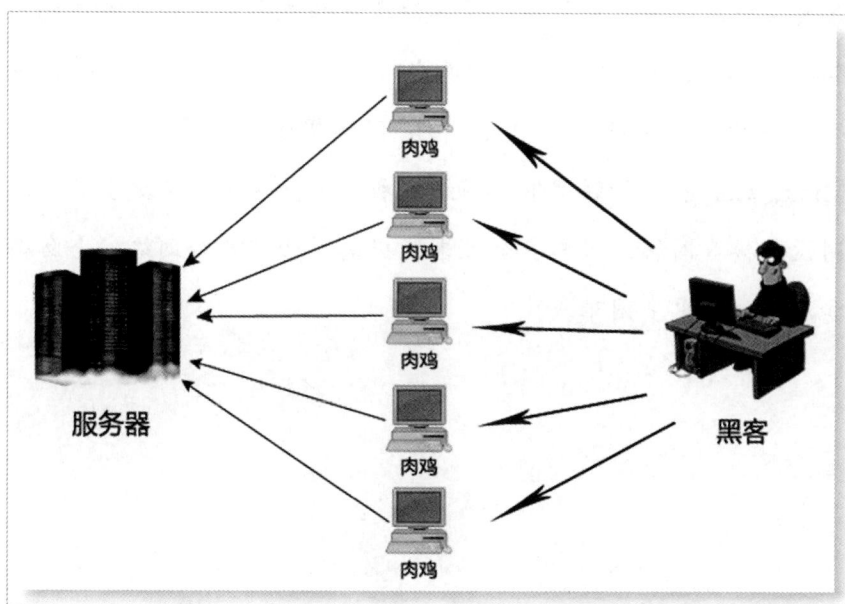

DDoS 攻击示意图

延伸阅读

2019 年我国境内 DDoS 攻击情况

国家互联网应急中心监测发现，2019 年利用被控端发起

123

DDoS 攻击的活跃控制端 3601 个，其中绝大部分位于境外（占 91.3%），当前越来越多的黑客出于隐匿身份、躲避溯源、对抗治理等原因，选择将控制端部署在境外。此外云平台控制端占比也较高（占 89.0%），由于云端的便捷性、可靠性和低成本，越来越多黑客利用云主机作为控制端。2019 年参与真实地址攻击（包含真实地址攻击与反射攻击等其他攻击的混合攻击）的被控端约 344 万个，其中绝大部分位于境内（占 95.9%）。由于海量缺乏安全防护的物联网设备为 DDoS 僵尸网络提供了大量被控端资源，Mirai、Gafygt 等物联网僵尸网络发展壮大。未来将有更多的物联网设备接入网络，若其安全性未能提高，必然会给网络安全防御和治理带来更多困难。

77

分布式拒绝服务攻击（DDoS）有什么危害？

　　DDoS 攻击是当今互联网最重要最常见的网络安全威胁之一。DDoS 攻击危害是制造超过目标服务系统承受能力的虚假请求，导致目标服务系统运行缓慢甚至崩溃。近年来，DDoS 攻击峰值流量不断攀升，相应危害和影响范围也不断增加。2016 年 10 月，美国主要域名系统服务商 DYN 遭受 DDoS 攻击，导致美国数百个重要网站无法访问，这次灾难被称为"美国东海岸断网"事件。当前，出于恶意竞争和敲诈勒索等经济目的，游戏、电子商务等领域已经成为 DDoS 攻击的重灾区。此外，DDoS 攻击也被作为网络战的手段之一。

延伸阅读

因遭受 DDoS 攻击美国多个网站无法访问

据媒体报道，2016 年 10 月 21 日，包括推特、Netflix、Github、Airbnb、Visa、CNN、华尔街日报等美国上百家热门网站出现无法访问情况。此次"断网"事件是由于美国最主要 DNS 服务商 DYN 遭遇大规模 DDoS 攻击所致。由于 DNS 的主要职责就是将域名解析为 IP 地址，从而准确跳转到用户想要访问的网站。所以当其遭受攻击，就意味着来自用户的网页访问请求无法正确解析，从而导致访问错误。有媒体将此次事件形容为"史上最严重 DDoS 攻击"。

78

什么是 DDoS 攻击即服务和 DDoS 攻击产业链?

DDoS 攻击即服务(DDoS as a Service)是指黑客团伙利用掌握的攻击资源和攻击能力对外提供租赁服务,为缺乏技术能力的普通用户根据需要定制攻击。目前,DDoS 攻击即服务已逐渐成为掌握 DDoS 攻击能力的黑客团伙主流获利手段,黑客组织不仅利用僵尸网络发起恶意攻击,而且还提供面向普通用户的网页 DDoS 攻击平台。DDoS 攻击黑色产业链通常包括发单人、接单中介 / 平台、攻击实施者、出量人、肉鸡商、DDoS 攻击软件开发者等。

延伸阅读

2019 年网页 DDoS 攻击平台攻击情况

随着第三方网上支付的普及,网页 DDoS 攻击平台在 2019 年非常活跃,缺乏技术能力的攻击者只需在网页攻击平台上注册账户和充值，即可个性化定制攻击。便捷的服务模式极大降低发起 DDoS 攻击的难度，为攻击平台吸引大量用户；大量用户需求也会同时导致网页攻击平台不断出现。2019 年每月活跃的网页攻击平台数量为 189 个，每月发起 DDoS 攻击 8900 余起，每月活跃平台数量和攻击事件数量虽然由于对攻击团伙的打击工作在 6—9 月有大规模下滑，但是随后又有新的平台涌现。

79

什么是高级持续性威胁（APT）攻击？

高级持续性威胁（APT）攻击指具有国家或相关背景的黑客组织基于政治、军事或商业等重大利益目的，针对如国家、组织或个人等特定目标进行的一系列隐蔽网络攻击行为。"高级"指攻击方法和攻击工具先进复杂，"持续性"指黑客组织连续攻击目标对象，持续时间较长。

什么是 APT（Advanced Persistent Threat）攻击？
（视频来源：好看视频 2019 年 11 月 8 日）

80

高级持续性威胁攻击的对象和危害是什么？

　　高级持续性威胁攻击危害严重。攻击的目标通常是政府、国防、能源、电力、交通、金融和通信等重要领域的国家关键信息基础设施。一旦攻击成功，这些关键信息基础设施面临严重的安全风险。一方面，攻击者可以窃取关键信息基础设施上的敏感数据，直接造成严重的失泄密事件；另一方面，攻击者可以持续潜伏并操控关键信息基础设施运行，待时机成熟时，造成严重的公共突发安全事件，如核设施遭破坏、大面积停电、交通设施运转异常等。

延伸阅读

伊朗核设施遭受网络攻击

据媒体报道，2010 年 6 月，"震网"病毒在伊朗爆发，病毒控制并破坏伊朗核设施的离心机设备，使其运行失控、高温自毁，同时不断向主控机房监控系统回传"设备正常运转"的假指令。当伊朗核设备管理部门发现问题时，已有 1000 余台离心机因过热出现了永久性物理损坏。

"震网"病毒攻击方法十分先进，利用多个零日漏洞，设计了一套完整的入侵和传播流程来突破物理隔离限制，攻击破坏重要设施系统。其曝光前至少已在受攻击设施中隐蔽潜伏长达数年，外界普遍认为"震网"病毒是专门制作的网络攻击武器。

81

高级持续性威胁攻击有哪些途径？

高级持续性威胁攻击途径主要包括以下五种：一是鱼叉攻

击，攻击者向受攻击目标发送高诱惑性的电子邮件，诱使其打开邮件的附件，这些附件往往为带有最新漏洞利用的恶意文件，从而植入特种木马。二是水坑攻击，攻击者分析受攻击目标的上网活动规律，寻找其经常访问的网站弱点，提前攻破此网站并植入攻击代码，一旦受攻击目标访问该网站就可能被植入特种木马。三是中间人攻击，攻击者控制某些网络中间节点，当受攻击目标升级或安装软件时，中间节点利用劫持、替换等手段将正常软件替换成特种木马。四是供应链攻击，攻击者利用受攻击目标对厂商产品的信任，在厂商产品下载安装或者更新时进行特种木马植入。五是直接漏洞攻击，攻击者挖掘分析受攻击目标计算机存在的漏洞情况，直接利用这些漏洞发起攻击，不需要受害方的操作。

第五部分

网络安全威胁防范与应急处置

网络安全的本质在对抗，对抗的本质在攻防两端能力较量。要落实网络安全责任制，制定网络安全标准，明确保护对象、保护层级、保护措施。

82

网络运营者常见的网络安全威胁有哪些?

当前,网络运营者面临的网络完全威胁日益多样,常见的主要是网站安全、安全漏洞、拒绝服务攻击、信息泄露、网络勒索、恶意程序、恶意邮件等网络安全威胁。根据网络运营者类型不同,其面临的主要网络安全威胁各有不同,例如,提供网络公共服务的网络运营者面临网站攻击、拒绝服务攻击等网络安全威胁压力较大;金融行业网络运营者面临钓鱼网站、信息泄露等网络安全威胁压力较大;关键信息基础设施运行单位还面临着 APT 攻击的威胁。

延伸阅读

云安全领域安全挑战加大

近年来,云计算设备作为互联网基础设施在我国迅速发展,越来越多的业务场景逐步向云端迁移。企业上云积累的大量数

133

据，已经成为网络攻击的重要目标。国家互联网应急中心对我国
20家主流云服务提供商的境内云网络安全事件进行跟踪监测显
示，仅2018年11—12月，就有云服务提供商的441个网页遭到
恶意篡改，占境内被篡改网页总数的58.3%。境内云服务器之所
以成为网络攻击重灾区，一方面是因为云上承载的业务和数据越
来越多，防护风险逐步暴露；另一方面，相比传统企业，云用户
对网络安全的防护重视程度也有待提升。专家认为，云服务商应
提供基础性的网络安全保障措施，全面提高云平台的安全性和可
控性，同时云用户需落实系统的网络安全防护要求。

83

网络运营者如何合理构建网络安全防护架构？

　　网络运营者可构建网络安全防护架构以防止外部的攻击入
侵、防范内部失泄密风险。为保障网络安全架构的全面性和完整
性，发挥有效作用，建议与网络运营者的基础网络信息架构同步
规划、同步建设、同步使用。网络运营者网络安全架构可通过以

下五个方面进行构建和规划：一是持续开展内部网络信息资产的梳理，排查信息系统安全状况，确保信息资产纳入网络安全防护的体系架构之内；二是内部员工在接入网络信息系统时采用用户身份认证策略，如动态口令牌、USB KEY、指纹虹膜认证等方式；三是应用网络安全设备、软件和策略，包括防火墙设备、入侵防御系统、入侵防御设备、反病毒软件、上网行为管理、数据操作审计等；四是持续获取网络情报服务，包括失陷主机情报、漏洞信息情报等；五是开展网络安全日常运营管理，通过专门的安全团队结合安全运营中心或者信息安全和事件管理中心，及时发现、响应、处置内部的网络信息安全事件。

延伸阅读

《信息安全技术　网络安全等级保护基本要求》

2019 年 5 月 13 日，《信息安全技术　网络安全等级保护基本要求》（标准号：GB/T 22239-2019）正式发布，该标准在标准名称、保护对象、章节结构、控制措施等部分进行了修改和更新，我国网络安全等级保护工作正式进入"2.0 时代"。为了适用于新型网络系统的安全保护要求，原《信息安全技术　信息系统安全等级保护基本要求》改名为《信息安全技术　网络安全等级保护基本要求》，同时将基础信息网络（广电网、电信网等）、信息系统（采用传统技术的系统）、云计算平台、大数据平台、移动互联、物联网和工业控制系统等作为等级保护对象（网络和信息系统），在原有通用安全要求的基础上新增了安全扩展要求。安全扩展要求主要针对云计算、移动互联、物联网和工业控制系统提出了特殊安全要求，进一步完善了信息安全保护工作的标准。

84

网络运营者如何保护数据安全？

随着互联网应用的发展以及大数据、人工智能等技术普及，相当一部分网络运营者已沉淀大量数据资源，其中包括自身的生产数据以及产品用户的个人数据。近年来信息泄露已成为网络安全高发威胁。应对信息泄露较为高效的方法是将数据加密、脱敏和分级管理相结合。加密是指对存储的数据利用密码技术进行加密，防止秘密数据被外部破译而采用的主要技术手段之一，攻击者即便获取数据也难以破解使用，提高攻击者攻击成本；同时避免弱口令密码，减少数据库在互联网上的暴露范围，可以有效防止数据库数据泄露发生。脱敏是指在系统建设、升级、调试等工作中，必须要使用敏感数据时，对某些敏感信息通过脱敏规则进行数据变形，实现敏感隐私数据的可靠保护，防止无关人员接触到敏感数据，造成信息泄露隐患。分级管理是指在比较复杂的应用场景中，针对不同业务级别等设置不同权限，分级管理敏感程度不同的数据，数据分级管理可根据网络运营者自身具体情况选择采用简单的分级授权管理模式，也可使用专业模型，例如数据生命周期模型（DLCM）、数据安全能力成熟度模型（DSMM）等。

延伸阅读

数据安全亟待新机制保障

大数据时代的到来，数据安全问题越发引人关注。当前，大数据安全已关系到国家网络空间安全，关系到国家网信事业的发展，亟待逐步建立新机制、新模式以保障数据共享，深入发掘大数据作为"钻石矿"的潜在价值。数据安全成为国家安全的新重点之一，"自主可控"是网络安全的前提，大数据共享应做到"受控共享"。

85

网络运营者如何防范和应对网络勒索？

网络运营者面临的网络勒索威胁主要指近年来愈演愈烈的勒索病毒威胁。防范勒索病毒，建议采取"防输入、防扩散"原则进行应对。在"防输入"措施中，一是外部加强对网络出入口的管理，警惕对本网络 IP 地址特定端口进行连续多次扫描的网络安全事件，并对扫描 IP 地址采取封停等操作；二是对邮箱收到的邮件附件进行安全检测，及时发现恶意邮件中夹杂的勒索病毒等恶意程序；三是加强工作人员安全意识，开展网络安全培训，个人终端注意及时进行安全升级，避免点开不明来源电子邮件，避免在不正规的网站下载应用程序等。在"防扩散"措施中，一是对内部局域网进行合理分区，不同区域间除必需端口外，禁止其他端口间通信，防止某区域中毒后，造成勒索病毒在整个局域网内的大范围传播；二是对网络中系统和设备进行持续性安全漏洞监测，发现漏洞后及时打补丁升级；三是对网络内设备口令强度进行规范，对存在弱口令的系统及时按要求整改。

延伸阅读

某大型房地产企业遭受网络勒索

2017 年 7 月，某大型房地产企业发现该企业服务器上数据库遭到加密。该企业的技术人员担心受责罚，未将相关情况及时上报。3 个月后，该企业领导才发现这一情况，但由于距离加密时间太久，黑客密钥已经过期，遭加密的数据和文件已无法恢复，该企业遭受了大量财产损失。经网络安全技术人员调查发现，有攻击者使用带有恶意附件的邮件进行钓鱼攻击，该企业受害者点击附件中含病毒的脚本文件后，脚本文件就自动从网络上下载勒索软件。勒索软件会对磁盘上指定类型的文件进行加密，并勒索受害者支付赎金解密。

86

网络运营者如何防范和应对恶意程序？

恶意程序是传统网络安全威胁之一，网络运营者可主要从加强外围监测、提升终端防护和加强人员网络安全意识三个方面应对恶意程序威胁。外围监测主要从互联网出入口处加强对网络流量分析，还原外部传输到内部的文件，检测文件是否含有恶意程序，此外还可通过威胁情报、网络流量分析等技术手段分析网络出入口流量中是否包含恶意代码外连或者控制指令下发等威胁行为。提升终端防护，要针对系统和组件存在的漏洞进行不断升级，加强系统口令，防止恶意程序暴力破解，在终端安装杀毒软件并定期进行更新。网络运营者也应重视培养、提升内部人员网络安全防护意识，使相关人员掌握安全防护基本规范。此外，还可在终端安装统一管理的安全软件，将外围监测与终端监测进行联动，以进一步加强管理，打造一体化防御体系。

延伸阅读

国家互联网应急中心：2019 年 3057 个移动互联网恶意程序被下架

2019 年，新增移动互联网恶意程序数量 279 万余个，同比减少 1.4%。根据国家互联网应急中心 14 年来监测统计，移动互联网恶意程序新增数量在经历快速增长期、爆发式增长期后，现已进入缓速增长期，并在 2019 年新增数量首次出现下降趋势。2019 年，国家互联网应急中心共处理协调 152 个应用商店、86

个广告平台、63 个个人网站、19 个云平台共 320 个传播渠道下架 App 总计 3057 个，自 2014 年起连续 6 年呈逐年下降趋势，移动互联网总体安全状况不断好转。

87

网络运营者如何防范和应对安全漏洞？

网络安全漏洞难以彻底消除，为有效应对安全漏洞，网络安全人员首先应及时准确掌握自身管理的信息系统特别是核心系统的资产情况，以在发现危害较大的安全漏洞时可及时掌握受影响情况。新的信息系统上线前应进行全面安全测试，对发现的系统漏洞及时修补，已在线信息系统需定期进行安全漏洞扫描和渗透测试，及时发现并解决安全威胁和隐患。可关注国家信息安全漏洞共享平台（CNVD）等漏洞信息平台，及时掌握相关漏洞信息，对涉及的漏洞及时进行处置。

安全配置漏洞致大批美国军方和情报人员信息泄露

据媒体报道，2017年，美国一家网络安全公司在亚马逊的云存储服务器上发现了"被错误设为对公众可见"的机密文件。由于服务器错误的安全配置，这些由美国私人安全公司 TigerSwan 负责保管的约 9400 份机密文件被公之于众，内容涉及美国前军方官员、情报人员和政府工作人员的简历，还含有大量与美军合作的伊拉克、阿富汗公民的信息。

88

网络运营者如何防范和应对"零日漏洞"？

"零日漏洞"一般缺少监测特征以及相关修复补丁，可能对信息系统造成严重威胁或巨大破坏。一些高级持续性威胁攻击也可能利用"零日漏洞"突破网络运营者的一些安全防护体系。

为应对"零日漏洞"攻击威胁，网络运营者在做好安全漏洞、恶意程度等传统威胁应对的同时，可以从多个角度进行立体防范。首先，可以根据实际情况调整符合业务与应用需要的防火墙策略，减少内部信息系统 IP 地址与端口在公网暴露；其次，对从外网向内网传输的文件附件等进行深度检测，检测这些文件是否会调用系统敏感权限；最后，可以分析网络流量中的异常通信行为，及时发现与正常业务无关的疑似攻击流量，依托发现的异常流量进行进一步分析并采取进一步防护策略。

延伸阅读

我国"零日漏洞"收录数量持续走高

国家互联网应急中心数据显示，2015 年至 2019 年，我国"零日漏洞"收录数量持续走高，年均增长率达 47.5%。2019 年收录的"零日漏洞"数量占总收录漏洞数量的 35.2%，同比增长 6.0%。这些漏洞在披露时尚未发布补丁或相应的应急措施，严重威胁我国网络空间安全。

89

网络运营者如何防范和应对拒绝服务攻击?

针对系统资源消耗型拒绝服务攻击,可采用一些防御设备进行应对或采取验证码等防范措施。对于带宽占用型拒绝服务攻击,一般需要运营商或云服务商在上游网络中进行流量清洗,丢弃攻击数据包从而保障信息系统正常提供服务。以网站为主体提供对外服务的信息系统,可考虑采用内容分发网络(CDN)结合云防护的方式应对拒绝服务攻击威胁。

延伸阅读

小心拒绝服务攻击

据媒体报道,2020 年 4 月 15 日,知名游戏公司美国艺电公司(EA)在社交媒体上公布,由于遭遇了拒绝服务攻击,旗下多款游戏无法登录。在紧急维护 2 个小时后,这家去年营收近 50 亿美元的游戏巨头才让服务器恢复正常。2019 年,江苏警方破获一起黑客网络犯罪案，犯罪嫌疑人涉嫌参与拒绝服务攻击案件100多起，非法入侵、控制北京、河北、山东等地政府、企业、学校网站共计近20多万个。游戏公司、政府网站、企业服务网站，甚至金融公司，长期以来都是拒绝服务攻击偏好的攻击目标。

90

网络运营者如何防范和应对网站安全问题？

网络运营者面临的网站安全问题主要有网页篡改、网站后门和网页挂马，网站安全威胁的根源主要来自网站本身存在的安全漏洞。为防范和应对网站安全威胁，网络运营者应在网站上线或重大改版前进行全面的安全检测，修补发现的安全隐患和漏洞；在网站上线后定期开展安全检测，及时修补网站服务器或网站组件中存在的安全漏洞。此外网站还可以采取CDN方式隐匿原站地址，阻挡部分针对网站的攻击行为，或者部署网站应用级入侵防御系统（WAF）等防护设备。

延伸阅读

2019 年我国遭受网页篡改与后门攻击情况

国家互联网应急中心数据显示，2019 年，我国境内遭篡改的网站有约 18.6 万个。从境内被篡改网页的顶级域名分布来看，".com"".net"和".org"占比分列前三位，分别占总数的 75.2%、4.7% 和 1.2%。全年境内外约 4.5 万个 IP 地址对我国境内约 8.5 万个网站植入后门，监测发现的我国境内被植入后门的网站数量较前一年增长超过 2.59 倍。

91

关键信息基础设施运营者开展网络安全风险评估的基本要求是什么？

根据《网络安全法》，关键信息基础设施的运营者应当每年至少自行或者委托网络安全服务机构对其网络的安全性和可能存在的风险进行一次检测评估，并将检测评估情况和改进措施报送相关负责关键信息基础设施安全保护工作的部门。

延伸阅读

遵守《网络安全法》
打造关键信息基础设施安全防护"金钟罩"

网络社会、国家安全、经济繁荣以及人民福祉严重地依赖关键信息基础设施。2017年6月实施的《网络安全法》用大量篇幅规定了关键信息基础设施保护相关内容，进一步界定了关键信息基础设施范围，同时对攻击、破坏我国关键信息基础设施的组织和个人规定了相应的惩治措施等，国家关键信息基础设施网络安全迎来了新发展。遵守《网络安全法》，打造关键信息基础设施安全防护"金钟罩"。

第六部分

日常网络安全

网络空间是亿万民众共同的精神家园。网络空间天朗气清、生态良好，符合人民利益。网络空间乌烟瘴气、生态恶化，不符合人民利益。

（一）个人网络安全防护

92

个人用户容易遇到的网络安全威胁有哪些？

互联网给公众带来极大便利的同时，也带来诸多网络安全方面的挑战。针对个人用户而言，使用个人电脑、手机等连接互联网时面临的恶意邮件、网络勒索、恶意程序、仿冒网站、网络诈骗、个人信息泄露等威胁较为普遍。青少年、老年人群体安全上网也值得关注。

谁在守护你的网络安全？
(视频来源：央视网 2019 年 9 月 16 日)

93

如何防范和应对恶意邮件?

可使用以下五招识别恶意邮件:一是看发件人地址,若是公务邮件,发件人多使用工作邮箱,发件人若使用个人邮箱或邮箱账号拼写比较奇怪,则需提高警惕。恶意邮件发件人常会将发件地址伪造成收件人熟悉的邮箱账号。可检查发件人电子邮箱地址是否与发件人姓名、公司域名匹配。二是看邮件标题,大量恶意邮件主题常常涉及"通知""订单"等关键词,有时邮件主题耸人听闻或莫名其妙,诱使收件人打开。看到奇怪的邮件主题应提高警惕。三是看正文措辞,对使用"亲爱的用户"等泛化问候应提高警惕。同时也应注意包含制造紧急气氛措辞的邮件,如"务必今日完成",恶意邮件发件人希望收件人忙中出错。四是看正文目的,若发件人提出索要登录密码等信息,应提高警惕。五是看看正文内容,小心邮件内容中需要点击的链接地址。若包含"&redirect"字段,则极可能为钓鱼邮件。小心邮件正文中的虚假"退订"功能,点击虚假的"退订"按钮后可能收到更多垃圾邮件或遭植入恶意代码。收件人可将该发件人直接拉入黑名单,拒收后续邮件。

拒绝网络诱惑　维护网络安全

（视频来源：中国网信网 2019 年 9 月 14 日）

94

如何防范和应对网络勒索？

个人用户常见的网络勒索是黑客使用勒索软件锁定用户系统屏幕或加密文件来阻止或限制用户正常使用计算机或访问数据和文件，并以此要挟用户来支付赎金。个人用户应当养成备份文件的良好习惯，备份重要文档，不让恶意分子有可乘之机。应尽量到官方网站中下载软件，安装正规的杀毒软件，及时安装操作系统安全补丁修复漏洞，关闭无用的计算机服务等。另外，恶意邮件也是勒索病毒的一种传播途径。黑客通过存在恶意链接、恶意软件附件的邮件描述虚假信息，诱骗个人点击链接下载恶意文件或者打开带有病毒的附件文件。对于陌生邮件中的链接、图片或者附件，个人用户应谨慎处理。

网络勒索　　　　　　　　　　　　　　　　新华社发　徐骏 作

"勒索病毒"背后的比特币"暗网"疑云
（视频来源：央视网 2017 年 6 月 3 日）

95

如何防范和应对恶意程序？

恶意程序威胁系统安全的途径较多，作为个人用户应养成良好的上网习惯，杜绝恶意软件侵害。不要随意打开不明属性的邮件、文件和陌生链接程序等，避免下载和安装不明来源的软件，以封堵恶意软件的入侵。另外，有一些恶意软件非常善于利用系统漏洞，因此及时更新系统补丁以降低风险也非常重要。

96

如何防范和应对仿冒网站？

仿冒网站与真实网站较为相似，防范仿冒网站，首先应从正规渠道确认官方网址并仔细核对，坚持直接输入所需登录的网站网址，避免随意通过其他难以确认的链接点击进入。同时做好计算机防护软件安装，及时更新系统补丁。如非本人操作，在收到邮件、电话等要求在网页输入、修改密码等时，要务必提高警惕，切勿理会。

危险来信   新华社发　王威 作

充值返利？诈骗！钓鱼网站诈骗玩家　涉案 300 多
万元

（视频来源：央视网 2018 年 12 月 20 日）

97

如何保护网络购物与交易安全？

　　安全进行网络购物，首先需核实购物网站的资质，应尽量在
较为知名、信誉度高的网上购物平台进行购物。尽量通过第三方
支付平台进行交易，忌与卖家私下交易。购物时注意卖家的信
誉、评价，获取可用的联系方式。交易后要完整保存交易订单等
详细信息。此外，应在支付前检查支付平台的真实性，并保护好
银行账号、密码和身份证号等个人信息。不要轻信推销广告和随
意点击陌生链接。未成年人进行网络购物时，应在家长的帮助和
指导下进行。

揭秘网络购物诈骗陷阱

（视频来源：央视网 2019 年 6 月 15 日）

98

如何加强智能手机设备安全？

从正规商店购买智能手机。目前，向手机预装程序的现象较为普遍，因此在购买手机时应谨慎检查手机是否预装了非原厂安装 App，避免购买存在非原厂安装 App 的手机。手机避免"越狱"操作。目前市场上存在一些手机"越狱"服务，能够帮助用户安装非 App 应用商店中的软件，但"越狱"服务会破坏手机的安全保护机制，使得恶意程序能够被安装在手机中。手机避免刷机。目前市场上存在针对部分手机刷机服务，能够使手机开放最高系统权限，但也给用户带来极大安全风险。不轻易将手机连接到陌生人的电脑。部分手机如果开启 USB 调试功能，黑客可以通过电脑向连接的手机植入恶意程序，因此，用户应尽量避免将手机与陌生人的电脑进行连接。

移动应用网络安全威胁　　　　　　　　　　　新华社发　朱慧卿 作

延伸阅读

2020 年上半年我国手机上网流量达到 720 亿 GB

2020 年上半年，我国电信业务收入累计完成 6927 亿元，同比增长 3.2%，增速较一季度提高 1.4 个百分点。值得注意的是，上半年，移动互联网累计流量达 745 亿 GB，同比增长 34.5%；

其中，通过手机上网的流量达到 720 亿 GB，同比增长 30.4%，占移动互联网总流量的 96.6%。6 月当月户均移动互联网接入流量达到 10.14GB/ 户，同比增长 29.3%，比上年 12 月份高 1.55GB/ 户。

99

如何安全使用手机应用程序？

一是应尽量从官方渠道下载手机 App，避免在存在安全风险的第三方应用商店下载手机 App。二是定期更新操作系统和软件，及时修补操作系统和软件存在的安全漏洞。三是安装软件前仔细阅读软件权限。在安装手机 App 之前，应仔细阅读 App 所使用的权限信息，如果发现 App 使用与该 App 软件功能不一致的权限时，应尽量避免安装。四是下载安装安全防护软件。在手机中安装具备主动防御功能的安全软件，以识别 App 敏感行为。

2019 年我国移动应用程序（App）数量

截至 2019 年 12 月末，我国国内市场上监测到的 App 数量为 367 万款。移动应用规模排在前 4 位种类（游戏、日常工具、电子商务、生活服务类）的 App 数量占比达 57.9%，其中游戏类 App 数量继续领先，达 90.9 万款，占全部 App 比重的 24.7%；日常工具类、电子商务类和生活服务类 App 数量分别达 51.4 万款、38.8 万款和 31.7 万款，分列移动应用规模第二、三、四位，占全部 App 的比重分别为 14.0%、10.6% 和 8.6%。其他社交、教育等 10 类 App 占比为 42.1%。我国第三方应用商店在架应用分发总量达到 9502 亿次。其中，音乐视频类增势最为突出，下载量达 1294 亿次，下载量排名第一位；社交通讯类下载量排名第二位，下载量达 1166 亿次；游戏类、日常工具类、系统工具类分别以 1139 亿次、1075 亿次、1063 亿次，排名第三、四、五位。在其余各类应用中，下载总量超过 500 亿次的应用还有生活服务类（826 亿次）、新闻阅读类（761 亿次）、电子商务类（593 亿次）和金融类（520 亿次）。

100

如何保护手机中的个人信息？

除确保手机设备安全并正确使用应用程序外，为保护手机中的个人信息安全，还可采取以下措施：一是开启手机密码保护功能。开启手机锁屏密码、密码锁定等功能，以防止陌生人在本人不在场的情况下使用手机。二是减少本地密码保存。用手机使用网上银行、邮箱系统、社交软件等与个人信息密切相关的软件时，尽量不在手机上保存密码。三是关闭手机位置信息上传功能。关闭一些手机和应用程序实时获取用户位置信息上传权限许可。四是谨慎扫描二维码。目前不法分子已开始将仿冒网站和恶意程序下载链接通过二维码方式进行传播，诱骗用户扫描登录钓鱼网站或者下载恶意程序。用户须仔细辨别二维码包含的网址信息，如网址信息不是所熟知网站，则尽量避免点击。

个人信息是如何通过手机被窃取的？保密技术交流大会展示信息防范

（视频来源：央视网 2018 年 10 月 31 日）

101

如何安全使用 Wi-Fi 网络？

目前使用 Wi-Fi 网络存在的风险主要有两个方面，一是不法分子通过在饭店、商场等公共场合搭建免费的恶意 Wi-Fi 网络，骗取用户使用并私自截获个人敏感信息；二是针对家用 Wi-Fi 网络，不法分子可能通过破解家庭 Wi-Fi 密码，进而控制家庭用户相关设备。安全使用 Wi-Fi 网络，要避免随意使用公共 Wi-Fi 网络，特别是免费公共 Wi-Fi 网络。如必须使用，则避免进行转账等与资金有关的操作。应加强家庭 Wi-Fi 网络防护强度，修改无线路由器用户名，并采取复杂密码，无人使用时及时关闭无线路由器。

Wi-Fi 有风险，蹭网需谨慎
（视频来源：中国网信网 2019 年 9 月 14 日）

102

个人网络安全事件发生在境外应该如何处置应对?

当网络安全事件发生在境外时，网络运营者和个人可将相关事件信息投诉至相应的互联网服务提供商（ISP）和事件发生所在地区的境外 CERT 组织进行处置。如在海外遭遇电信诈骗请注意保护个人信息，拨打中国驻当地使领馆官方网站提供的联系电话，或拨打外交部全球领事保护与服务应急呼叫中心 12308 热线，请求将相关信息转有关使领馆进一步核实。如不幸上当受骗，应及时向当地警方报案，并同时向国内公安机关报警。

延伸阅读

小心境外电信诈骗

据媒体报道，2018 年 11 月四川省南充市顺庆区人民法院公开审理了一起境外网络电信诈骗案，来自广东、湖南、四川等地

13 名在印度尼西亚从事诈骗活动的诈骗团伙成员接受审判。诈骗分子冒充公检法工作人员，对中国内地居民进行网络电信诈骗，涉案金额 20.44 万元。该犯罪组织集中管理、分工明确，一线话务员冒充银行客服人员，二线话务员冒充公安民警，三线话务员冒充最高人民检察院检察官实施诈骗，四线为幕后老板，负责洗钱、组织、管理。经审理，该境外诈骗团伙行为均已触犯《中华人民共和国刑法》有关规定，构成诈骗罪，13 名诈骗分子分别被判处 3 到 7 年不等有期徒刑，并处罚金。

（二）党政机关干部与网络安全

103

党政机关干部应具备什么样的信息化思维？

信息化思维是指以信息采集、传输、管理、利用等信息化手段，对行政管理、公共服务、经济发展等进行重新审视的思考方式。信息化不只是一种技术手段，还可以促进行政方式变革，实现传统行政方式无法实现的效果。时代在变，思想观念也要跟着转变。在信息社会，电子政务是政府部门开展行政管理、提供公共服务的常规方式，电子党务是提升党建水平的重要举措。各级党政领导干部要自觉树立信息化思维，进一步提升履职能力。

延伸阅读

网络安全将在与经济科技文化社会的交融中前行

网络安全将在与经济科技文化社会的交融中前行。要统筹网络安全和经济社会发展，不能以经济利益、科技创新、文化差异挤压网络安全。安全是发展的前提，任何以牺牲安全为代价的发展都难以持续。网络上的技术、监管、执法、维权等问题，反映了网络安全与经济、文化、科技、社会等方面的关系状况，要在网络安全与各方面关系上，把握好整体与局部、长远与短期的适度，加强网络伦理和文明建设，发挥道德教化作用，依法打击网络诈骗、网络盗窃、侵害公民信息、传播淫秽色情、黑客攻击、侵犯知识产权等违法犯罪行为。

104

党政机关和领导干部如何通过网络走群众路线？

　　各级党政机关和领导干部要学会通过网络走群众路线，经常上网看看，了解群众所思所愿，收集好想法好建议，积极回应网民关切、解疑释惑。对广大网民，要多一些包容和耐心，对建设性意见要及时吸纳，对困难要及时帮助，对不了解情况的要及时宣介，对模糊认识要及时廓清，对怨气怨言要及时化解，对错误看法要及时引导和纠正，让互联网成为了解群众、贴近群众、为群众排忧解难的新途径，成为发扬人民民主、接受人民监督的新渠道。对网上那些出于善意的批评，对互联网监督，不仅要欢迎，而且要认真研究和吸取。

延伸阅读

党员领导干部要学网懂网用网

　　当前，随着网络信息技术的快速发展和广泛应用，互联网已经覆盖人民群众生活工作的方方面面，成为社会舆论传播和民众利益诉求的重要渠道，成为党和政府密切联系群众、服务群众的重要桥梁纽带，也成为国家安全、经济发展和社会稳定的关键基础设施。新时代党员领导干部，必须主动适应网络信息时代发展趋势，大力提升自身的网络素养。要做到在深学网、真懂网上下功夫，要在勤上网、会用网上下功夫，要在能管网、善治网上下功夫。

105

党政机关干部应掌握哪些网络安全和信息化方面的知识和技能？

在保障网络安全、开展信息化建设过程中，党政机关干部应提高网络安全和信息化意识。各级组织、人事部门可把网络安全和信息化知识列入领导干部任职培训内容，通过举办培训活动，使他们真正认识到网络安全的重要性、信息化对提升履职能力的重大价值，梳理信息化思维，把信息化与本职工作相结合。应掌握网络安全和信息化方面的基础知识，了解网络安全和信息化方面的政策法规、发展趋势，了解国内外与本部门、本地区发展相关的网络安全和信息化的好经验、好做法。

此外还必须掌握一定的信息技术应用技能。

领导干部要注重提高四种能力

2018 年 4 月 20 日，习近平总书记在全国网络安全和信息化工作会议上指出，各级领导干部特别是高级干部要主动适应信息化要求、强化互联网思维，不断提高对互联网规律的把握能力、对网络舆论的引导能力、对信息化发展的驾驭能力、对网络安全的保障能力。

106

如何培养政府首席信息官（CIO）？

政府首席信息官（Chief Information Officer, CIO）一般称为信息化主管，是指在党政部门中负责信息化战略规划、组织协调和项目管理的政府官员。政府 CIO 应该是一个既懂技术、又懂业务、还懂管理的高级复合型人才，要具有信息化思维。应学习公共管理、项目管理、信息技术等方面的知识，特别要掌握电子政务的理论和方法，包括电子政务基本概念、国内外电子政务进展、政府信息基础设施、电子政务重大工程项目、政府门户网站建设与运营、电子政务顶层设计与战略规划、电子政务信息共享和业务协同、电子政务建设与运维方法、电子政务评估方法、电子政务保障措施、城市管理信息化、电子政务与服务型政府建设、企业管理技术在电子政务中的应用、智慧政府等。

延伸阅读

我国网络安全学科建设及人才培养驶上快车道

近年来我国网络安全学科建设加快步伐，为专业人才培养提供了有力支撑。据报道，截至 2019 年 9 月，我国已建设与网络安全直接相关的本科专业 5 个，分别是网络空间安全、信息安全、信息对抗技术、保密技术、网络安全与执法。研究生方面，网络空间安全一级学科于 2015 年正式增设。2017 年 8 月，教育部等多部门联合印发《一流网络安全学院建设示范项目管理办法》，决定在 2017 年至 2027 年实施一流网络安全学院建设示范项目。

107

党政机关干部如何提升数据治理能力？

数据治理能力是指对各类数据的管理、协调以及在决策、公共服务、处理突发性事件等工作中使用数据的能力。具体可以分为两个方面：一方面是数据管理能力，即通过法律手段与行政手段对数据的产生、使用和流动过程进行规范，力求消除负面影响；另一方面是数据使用能力，即利用数据服务日常决策、服务民众需求。提升数据治理能力，一是培养大数据理念，应认识大数据重要性，在丰富多样的数据中发现其价值，习惯于用数据决策、用数据管理。二是践行大数据理念，提升数据治理能力，应当擅长整合和挖掘数据。三是防范大数据风险，将数据在产生、使用和流动过程中对国家、社会及个体产生的不利影响控制在合理的限度内。应当在制度上建立保障机制，做好充分的预防和协作工作。在日常工作中，尤其是在充分利用大数据开展工作的过程中，更应当树立安全意识、保密意识，防止重要信息数据泄露，避免给国家和人民带来不必要的损失和伤害。

善于获取数据、分析数据、运用数据，
是领导干部做好工作的基本功

2017 年 12 月 8 日，习近平总书记在主持十九届中共中央政治局第二次集体学习时指出，善于获取数据、分析数据、运用数据，是领导干部做好工作的基本功。各级领导干部要加强学习，懂得大数据，用好大数据，增强利用数据推进各项工作的本领，不断提高对大数据发展规律的把握能力，使大数据在各项工作中发挥更大作用。

（三）青少年与老年网络安全防护

108

青少年如何在使用网络时保持身体健康？

青少年上网时要注意身体健康，要控制好上网时间，连续上

网 1 小时后应起身在户外进行活动，呼吸新鲜空气。应注意保护视力，避免一直紧盯屏幕，多放眼眺望远处，不要在光线太暗处上网，上网后可做眼保健操缓解疲劳。注意清洁，电脑屏幕、键盘、鼠标等存在大量灰尘，及时洗手洗脸保持健康。

延伸阅读

我国未成年人互联网使用情况

2020 年 5 月 13 日，共青团中央维护青少年权益部、中国互联网络信息中心（CNNIC）联合发布的《2019 年全国未成年人互联网使用情况研究报告》显示，2019 年我国未成年网民规模为 1.75 亿，未成年人互联网普及率达到 93.1%。手机是未成年人使用最多的上网工具，未成年网民上网经常从事的各类活动中，排在前三位的是网上学习（89.6%）、听音乐（65.9%）、玩游戏（61.0%）。其他还包括：上网聊天（58.0%）、看短视频（46.2%）、搜索信息（44.9%）、看视频（37.5%）、看动画或漫画（33.2%）、使用社交网站（32.0%）等。

109

青少年使用网络时应树立哪些观念意识？

青少年使用网络时要树立法律观念，自觉遵守使用网络的法律法规，对网上有些有害、不实的信息不轻信、不传播，抵制不良言论，不浏览、制作、转播不健康信息，不在网上进行侮辱、谩骂等不良行为。注意区分网络与现实，不要模仿网络虚拟世界中的不良活动。要树立网络空间的道德观念，不仅在现实中需要尊重他人，遵守伦理道德，在虚拟的网络里也要做到对他人的尊重，遵守在现实世界中的道德规范。同时，青少年要增强自我保护意识与能力，在家长的指导和监督下上网，合理使用互联网，拒绝不良诱惑，对网络空间中的风险保持警惕，遇到问题及时求助。

推进新时代公民道德建设

（视频来源：央视网 2019 年 11 月 17 日）

110

青少年上网可能遇到哪些网络风险？

网络已经成为青少年学习、娱乐和社交的重要工具，网络教育、游戏社交、短视频与网络直播等在丰富其学习生活的同时，也存在一定隐患。青少年面临网络不良信息影响、个人隐私泄露、网络沉迷成瘾、网络违法侵害等风险。政府、企业、家庭、学校各方要承担起各自责任，为广大青少年营造健康的网络环境。

延伸阅读

我国未成年人网络安全保护相关法律规章、政策规定

当前，我国未成年人网络保护相关的全国性法律规章、政策文件包括《中华人民共和国未成年人保护法》《中华人民共和国网络安全法》《互联网上网服务营业场所管理条例》《儿童个人信息网络保护规定》《关于严格规范网络游戏市场管理的意见》《未成年人网络保护条例（送审稿）》等。

儿童个人信息网络保护

新华社发　朱慧卿　作

111

如何对青少年上网进行家庭引导？

青少年安全健康上网，家庭引导非常重要。家长可从五个方面对青少年上网进行引导。一是塑造良好家庭内部协商氛围。建立父母与子女之间相互信任的协商关系，对解决家长和子女在上网方面产生的分歧具有积极意义。二是增加陪伴。青少年缺少网络风险识别能力，更需要家长的知识和阅历来合理引导，避免其误入歧途。三是包容错误。青少年在遭遇网络侵害或犯错后往往因担心受到责罚而不愿意告诉家长，导致其受害或犯错程度可能加深。家长应帮助纠正偏差、避免一错再错。四是以身作则。青少年在网络空间中的一些失范行为通常与现实生活有一定联系，家长身体力行作好榜样有利于塑造青少年良好的网络行为习惯。五是提升自身网络素养。目前，不少网络平台在技术方面对青少年保护作出积极努力，但也需要家长的配合和操作，家长应不断提升自身网络素养，加强网络保护意识与能力。

未成年人网游打赏现象频发
（视频来源：央视网 2019 年 5 月 17 日）

112

青少年如何防止网络沉迷？

要养成良好的上网习惯，处理好学习和娱乐的关系，正确对待网络娱乐资源，劳逸结合，有效率地使用网络资源并使其真正地为学习、生活带来便利。要建立正确的社交观念，区分现实生活与虚拟网络，有意识避免沉浸于网上聊天、网络游戏等虚拟世界。注意保持自制力，有意识地限制上网时间，应该更多地把时间用在现实的学习生活中，对自己的时间进行合理的安排。

延伸阅读

国家网信办开展"清朗"未成年人暑期网络环境专项整治

为给广大未成年人营造健康的暑期上网环境，推动网络生态持续向好，国家网信办决定从 2020 年 7 月起开展为期 2 个月的"清朗"未成年人暑期网络环境专项整治。此次专项整治将重点整治学习教育类网站平台和其他网站的网课学习版块的生态问

拒绝网瘾

题，深入清理网站平台少儿、动画、动漫等频道的不良动画动漫产品，严厉打击直播、短视频、即时通讯工具和论坛社区环节存在的涉未成年人有害信息，从严整治青少年常用的浏览器、输入法等工具类应用程序恶意弹窗问题，严格管控诱导未成年人无底线追星、拜金炫富等存在价值导向问题的不良信息和行为，集中整治网络游戏平台实名制和防沉迷措施落实不到位、诱导未成年人充值消费等问题，持续大力净化网络环境。

113

青少年如何进行安全的网络社交？

首先应注意甄别安全健康的社交平台，应通过大众使用的健康、合法的平台进行社交活动，如遇到含有不良信息的网站与聊天平台，则应马上关闭退出。应重视个人信息保护，不在交谈或个人资料中轻易泄露真实姓名、个人照片、身份证号码、家庭电话和学校名称等任何能够识别身份的信息，不随意在不知底细的网站注册会员或向其提供个人资料，应在微信朋友圈、微博中禁止陌生人查看个人照片，并小心使用签到、足迹等功能，避免泄露生活、学习等真实精准的个人信息。应注意保护人身安全，谨慎防范网络中可能出现的不法分子，高度警惕陌生网友以各种理由提出的赴约、见面等邀请，避免直接会面或参加各类活动，以免为不法分子所利用。如确需见面，则应征得父母同意，并在父母陪同下在公共场合见面交流。如在网上收到威胁、挑衅等不安信息，应立即告知父母请求帮助。对于对话低俗、行为不良的网友，可将其拉入黑名单或解除好友关系。

"你以为你晒的只是一张照片？"
（视频来源：中国网信网 2019 年 9 月 14 日）

114

如何保护微信、QQ 账号安全？

　　青少年使用微信、QQ 等网络社交工具频率高，与个人生活工作息息相关，涉及大量个人重要信息，因而需格外注意网络社交工具的账号安全。应定期修改账号、密码，避免使用个人生日、电话号码、身份证或过于简单的数字作为密码。不同的网络社交工具，应分别使用不同的用户名与密码。尽量避免在公共设备中使用微信、QQ 等工具，如使用则需警惕账号、密码遭到窃取，可先输入部分账户名与密码，再输入其余账户名与密码。

如何设置密码更安全

(视频来源：中国网信网 2019 年 9 月 14 日)

115

老年人如何防范网络诈骗？

当前，网络与老年人生活紧密相连。同时，一些不法分子为谋取经济利益，将老年人作为其实施网络诈骗的重点目标。老年人应提高警惕，在接收带有"汇款""支付"等内容的短信和电话时，反复确认短信和电话的真实性，以避免受骗。不轻易接听陌生电话，避免手机被恶意扣费。同时定期向运营商客服查询话费余额和通信记录，检查是否存在不知情的电话记录和短信记录。在网上购物或进行支付时，需注意甄别网站是否正规，支付工具是否安全，谨慎向对方支付费用。应设置复杂密码，提高自我保护意识，注意个人信息泄漏等问题。一旦发现不良信息与涉嫌诈骗的网站，应及时向公安机关进行举报。如不幸遇到网络诈骗，应立即停止汇款等操作，以防止进一步造成财务损失，并及时拨打当地派出所电话或拨打 110 报警电话，向有关部门进行求证或举报。

对待短信需谨慎　　　　　　　　　　　　　　新华社发　王威 作

3 分钟教你如何防范网络诈骗

（视频来源：中国科普网 2018 年 12 月 7 日）

视频索引

如何设置密码更安全

（视频来源：中国网信网 2019 年 9 月 14 日）　　　　　　 / 182 /

3 分钟教你如何防范网络诈骗

（视频来源：中国科普网 2018 年 12 月 7 日）　　　　　　 / 183 /

相关重要法律法规与规章制度

《中华人民共和国国家安全法》

《中华人民共和国网络安全法》

《中华人民共和国密码法》

《云计算服务安全评估办法》

《网络安全审查办法》

主要参考书目

1.《2019 年中国互联网网络安全报告》，人民邮电出版社2020 年版。

2.《习近平新时代中国特色社会主义思想学习纲要》，人民出版社 2019 年版。

3.《全面践行总体国家安全观》，人民出版社 2019 年版。

4.《中华人民共和国网络安全法解读》，中国法制出版社2017 年版。

5.《中华人民共和国网络安全法百问百答》，电子工业出版社2017 年版。

6.《中华人民共和国网络安全法释义》，中国民主法治出版社2017 年版。

7.《网络安全和信息化党政干部一本通》，中信出版社 2017年版。

8.《总体国家安全观干部读本》，人民出版社 2016 年版。

9.《网络安全和信息化党政领导干部读本》，中共中央党校出版社 2015 年版。

10.《YD/T 2383-2011 互联网主机恶意程序描述格式》。

11.《YD/T 2439-2012 移动互联网恶意程序描述格式》。

12.《信息安全技术网络安全漏洞管理规范》。

13.《信息安全管理要求标准 ISO 27001》。

14.《通用漏洞评分系统（CVSS）2.0》。

责任编辑：陈百万

封面设计：林芝玉

版式设计：汪　莹

图书在版编目（CIP）数据

国家网络安全知识百问／《国家网络安全知识百问》编写组 . —北京：
人民出版社，2020.8

ISBN 978－7－01－022442－8

I.①国… II.①国… III.①计算机网络－网络安全－国家安全－
中国－问题解答　IV.① D631－44 ② TP393.08－44

中国版本图书馆 CIP 数据核字（2020）第 161088 号

国家网络安全知识百问

GUOJIA WANGLUO ANQUAN ZHISHI BAIWEN

本书编写组

人民出版社 出版发行

（100706　北京市东城区隆福寺街 99 号）

中煤（北京）印务有限公司印刷　新华书店经销

2020 年 8 月第 1 版　2020 年 8 月北京第 1 次印刷

开本：710 毫米 ×1000 毫米 1/16　印张：12.75

字数：123 千字

ISBN 978－7－01－022442－8　定价：45.00 元

邮购地址 100706　北京市东城区隆福寺街 99 号

人民东方图书销售中心　电话（010）65250042　65289539